gleam BOOKS

異次元緩和と日本の行方

中央銀行の危険な賭け

河村小百合

株式会社 朝陽会

はしがき

二〇一二年末に第二次安倍政権が誕生し、その後任命された黒田東彦総裁のもと、日銀は二〇一三年四月、「二年で二％」という物価目標の達成を掲げ、国債などを大規模に買い入れる「量的・質的金融緩和」を開始した。その買い入れペースは当初から、国債を年間五〇兆円（二〇一六年秋の追加緩和後のピーク時には年間八〇兆円）という、当時の感覚からすれば桁違いの、とてつもない規模のもので、黒田日銀のこうした政策は「異次元緩和」と呼ばれるようになった。

「異次元緩和」への着手後約一年間は、目覚ましい〝成果〟がみられた。二〇一二年末には一ドル＝九〇円を切るような円高だった外国為替相場が一ドル＝一〇〇円を超える大幅な円安に転じると同時に、それまで四年連続で前年比マイナスが続いていた消費者物価も明確な前年比プラスの基調に転じたのだ。もっとも最初の数年間は、およそ前例のないこれほど大規模な金融緩和に踏み切って果たして大丈夫なのか、財政法で禁じられているはずの財政ファイナンス（中央銀行による国債引き受け）に事実上該当してしまうのではないか、ハイパーインフレを招くのではないか、といった先行きを危ぶむ声もかなり聞かれていた。

それから七年余りの月日が流れた。物価動向が大きく動いたのは最初の約一年間にとどまり、その後の伸び率は捗々《はかばか》しくなく、「二％」という目標達成のめどはいまだに立ってはいない。日銀の「異次元緩和」による超低金利政策のおかげで、財政運営は楽なことこのうえない。日本経済には当初、心配されたような事態が起こることもなく月日が経過したからか、はたまた自国通貨建てで国債を発行できる限りは大丈夫だ、としてデフレ状態から脱却できるようになるまでの無制限の財政ファイナンスの正当性を主張するＭＭＴ（現代貨幣理論）が巷《ちまた》ではもてはやされているからか、最近では、先行きを危ぶむ声はあまり聞かれなくなってしまっている。

官報の姉妹誌として生まれた『時の法令』の編集者から、中央銀行に関する連載のご依頼をいただいたのは二〇一八年一月のこと。前年の三月四日付の朝日新聞に掲載された私のインタビュー記事（「ニッポンの宿題　積み上がる国の借金　放漫財政、日銀の政策が拍車」）をお読みくださり、連載の構想を一年近くの間温めてくださったうえでのお話だった。そもそも中央銀行の役割とは何か、それは歴史的に変遷しているのか、といったあたりをわかりやすく解説してもらえないか、それらを踏まえてこそ、我々市民もきちんと今行われている政策の評価をできるのではないか、というご依頼だった。

その後、五月三〇日号から始まった月一回の連載「いちからわかる中央銀行と金融政策」は、二〇二〇年三月まで約二年間続けさせていただくことになった。最初は中央銀行の機能や金融調節の基本、長短金利がどうやって決まるのか、といったあたりから始め、連載開始から半年が経過したころからは、欧米の主要な中央銀行が、日本にも通ずる課題に遅れること約一〇年後、〝周回遅れ〟のような形で直面し、それまでには試みたことのなかった新しい金融政策運営にいかに取り組んできたのかを、順にとりあげていくことにした。具体的には、彼らが何をどのように考え、多様な意見をどのように反映しながら意思決定を行ってきたのか、どのように国民や市場に説明しつつ金融政策運営を進めてきたのかなどについて、とくに金融の予備知識のない方々にもご理解いただけるように、できるだけわかりやすく描き出すことを心がけたつもりである。それはこの国のあるべき政策運営を考えるうえで、こうした他中銀の考え方や経験が、大いに参考になるのではないかと思ったためである。

今回の単行本化に際しては、連載のすべてを盛り込むことは難しく、各中銀の金融政策運営関係の部分を中心にまとめることになったが、筆者の一貫する問題意識は、この国の政策運営がこのまま突き進んでいったらどうなるのか、私たちはどうすべきなのか、という点にある。本書をお手にとってくださった読者の方々に、ご一緒に考えていただく際の手がかりの一つとしていただくことができれば幸いである。なお、本書には盛り込み切れなかった金融の基本や各中銀の設立や政策運営の経緯、意思決定のメカニズムなどの部分について、ご関心をお持ちであれば、『時の法令』のバックナンバーをご覧いただければと思う。

金融政策や財政といった分野は、決して日本に限らないが、一般にはとっつきにくいものだろう。日々の相場の動きを解説する情報は山ほど流布されているが、そもそもどうやって金融政策運営を行っているのか、といった基本的な部分について知りたい、勉強したいと思っても、その手がかりとなる資料や書籍はなかなか見当たらない、というお声もしばしば耳にする。これらの分野についてわかりやすく書かれたものが少ないこの国で、今、行われている政策運営はどういうことなのかを、誰にでも理解してもらえるように書いたり話したりするのも民間シンクタンクのエコノミストの役目の一つなのではと考え、社外からのご依頼にはこれまで、勤務先の了解が得られる限りすべてお引き受けして、自分なりに取り組んできたつもりである。

ところが「わかりやすく」などといっても、実のところはといえば、本書のもとになった連載執筆の過程でも、自分なりに考えて丁寧に説明したつもりが、編集部から「これではよくわかりません」と返され、必死に考えて書き直したことが何度となくあった。そうやって出来上がったのが本書である。編集者の方の力というのは本当に大きい。私たちエコノミストも、よき編集者、よき読者や話を聞きにいらしてくださる方々、時々意見交換をさせていただくメディアの方々とのやりとりのおかげで、日々大いに鍛えられている、という思いを改めて強くする。そしてそれがまた、次の仕事につながっていくように感じられる。

『時の法令』への連載、そして単行本化のお話をいただいた朝陽会、たいへんにお世話になった、編集部の雅粒社のみなさまに、心より感謝申し上げたい。

河村　小百合

目次

第1章　はじめに

――金融危機で変貌を余儀なくされた金融政策

かつて、中央銀行の金融政策運営といえば、景気が悪くなれば、金利を下げて経済活動を刺激し、物価も上がるように促し、逆に景気が過熱してインフレが進むことになれば、金利を上げて活発過ぎる経済活動や上がり過ぎた物価を抑えにかかる、というのが普通だった。日本でも少なくとも一九九〇年代の初め頃までは、〝金利〟とはときによっては結構高い水準になることもあるものだった。一定の年齢層以上の方であれば、銀行や郵便局に預ける定期預貯金に六％や七％、それ以上といった、今ではおよそ考えられない金利がついていた時代が、二十数年ほど前にはあったことをご記憶だろう。

ところが今では、金利水準はほぼゼロ％かその近辺の状態が長期化し、近年はマイナス金利まで導入されている。今の時代の若者世代にとっては、生まれてこのかた、〝金利〟とは一貫してそうしたごく低い水準にあるものでしかない。日銀が経済情勢をみて政策金利を上げ下げする、というような話も滅多に聞かれなくなって久しい。代わりに、日銀の金融政策といえば、国債を年間何十兆円、ＥＴＦ（信託財産指数連動型上場投資信託）を年間何兆円買い入れるの入れないの、といった話ばかりになってしまっている。世間一般にとっては、こうした様変わりした金融政策が今、そして将来、どのような意味を持つのか、相当にわかりにくくなってしまっているのが実態だろう。

他の主要中央銀行の近年の政策金利の推移をみても（図1－1）、総じて日銀と似たような状況に陥っていることがわかる。米連邦準備制度（Ｆｅｄ）のみは二〇一五年末に実に九年半ぶりの利上げに転じ、一六年末以降一八年九月まで、ほぼ三か月ごとに〇・二五％ポイントの利上げを行っていたが、(注1) イングランド銀行（ＢＯＥ）が二〇〇八年の金融危機以降これまでに行った利上げはまだ二回のみで、欧州中央銀行（ＥＣＢ）も二〇一二年以降は利上げ方向での動きはない。世界全体の超低金利状態が長期化しているのだ。いったい、日銀、そして他の主要国をも含めた中央銀行の金融政策運営は、いつからこのように様変わりしてしまったのか。

（注1）ただし、二〇一七年九月は利上げなし

1　「ゼロ金利制約」に直面した中央銀行

話は一九九〇年代後半の日本にさかのぼる。八〇年代末のバブル崩壊によって不良債権問題が深刻化し、主要な民間金融機

図1-1　日米欧の主要中央銀行の主な政策金利の推移

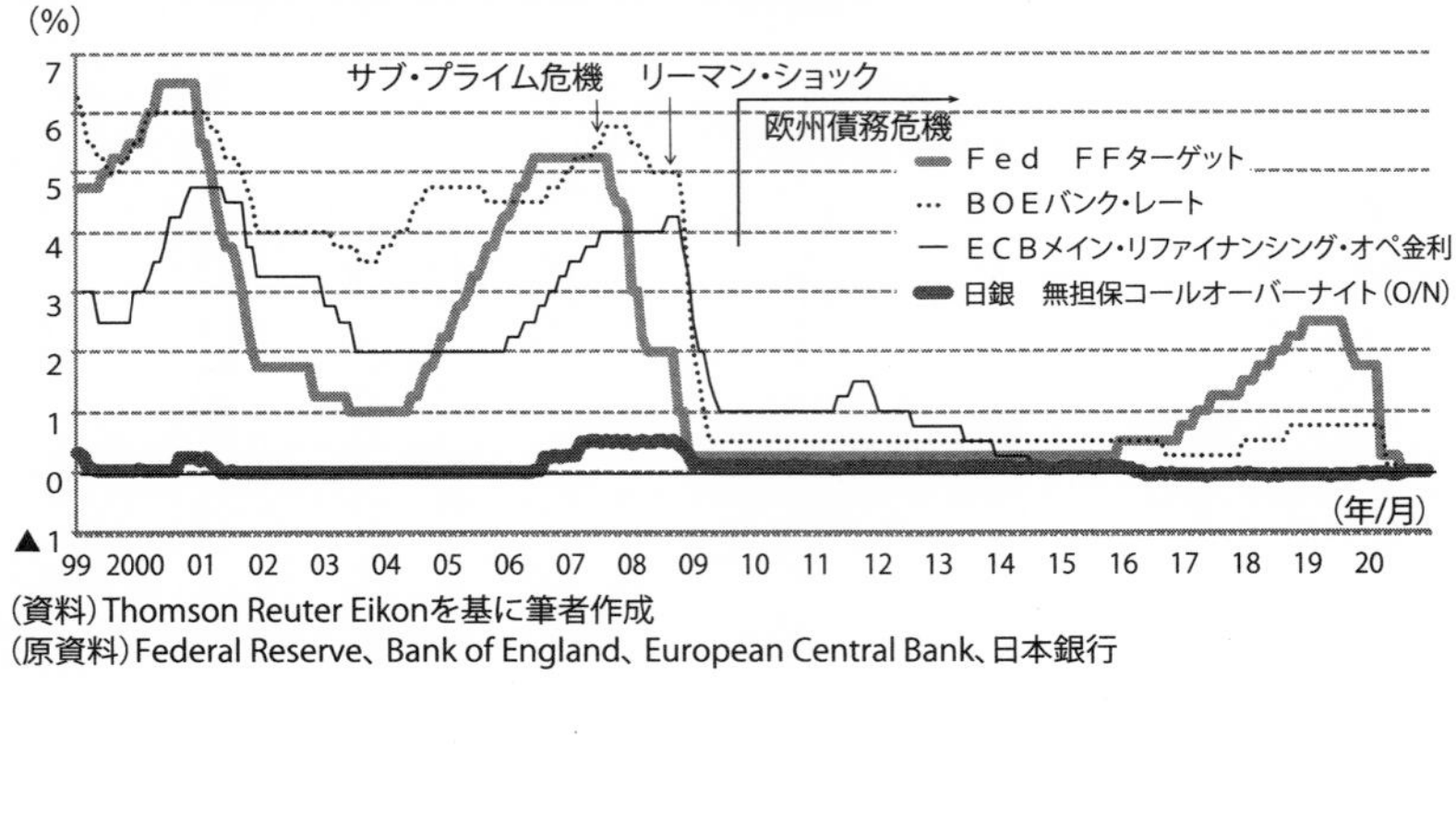

(資料) Thomson Reuter Eikonを基に筆者作成
(原資料) Federal Reserve、Bank of England、European Central Bank、日本銀行

関が相次ぎ経営破たんするなど金融危機状態に陥っていた。このころ、日銀は政策金利である無担保コールオーバーナイト（翌日）物の金利を引き下げ、危機の収束を図った（**図1-2**）。速水優総裁時代の九九年二月からは、政策金利を当時、引き下げ可能な限界と考えられていたゼロ％にするという、当時としては前代未聞の「ゼロ金利政策」を採用した。二〇〇〇年八月にはこれをいったん解除したが、景気はその後再び落ち込む結果となったため、二〇〇一年三月からは、政策金利を再度、ゼロ％に誘導するとともに、「量的緩和政策」と呼ばれる国債の大量買い入れを開始したのである。

　中央銀行は実際の金融政策運営を短期金融市場の中心であるインターバンク市場で行う。インターバンク市場の参加者は民間銀行に限定され、中央銀行はそこでの資金需給をほぼ完全にコントロールできるからだ。具体的には、中央銀行は従来、短期金融市場に資金供給オペ（例えば国債等の債券を民間銀行から買い入れる見返りに資金を供給するオペ）や、資金吸収オペ（例えば国債等の債券を民間銀行に売り戻す見

図1-2　日本の経済情勢と日銀の金融政策運営の推移

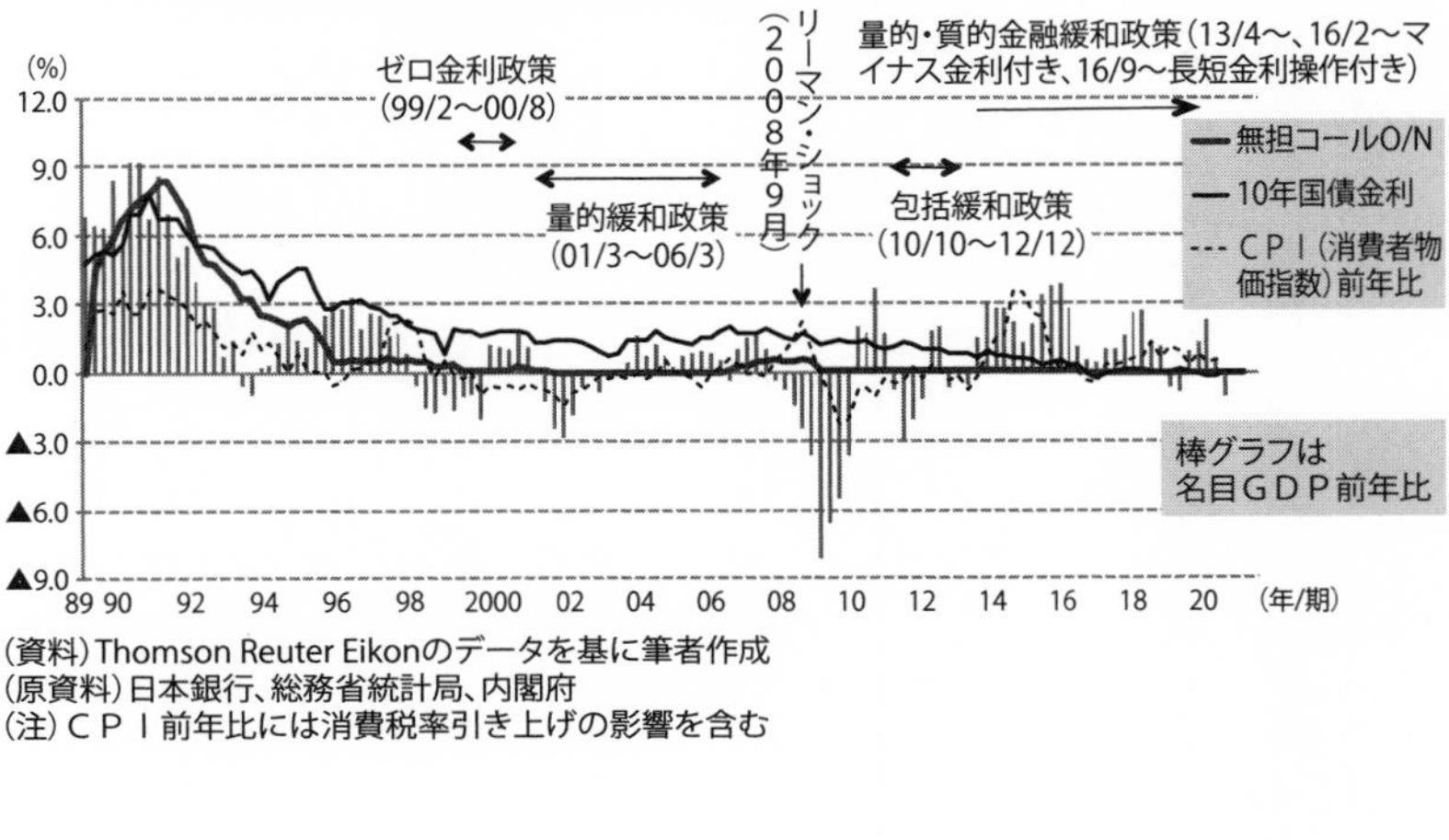

(資料) Thomson Reuter Eikonのデータを基に筆者作成
(原資料) 日本銀行、総務省統計局、内閣府
(注) CPI前年比には消費税率引き上げの影響を含む

返りとして資金を吸収するオペ）を実施して、民間銀行等が行う短期金融市場取引につく金利が下がるように、ないしは上がるように誘導し、政策金利である短期金利を上げ下げしてきた。当時、短期金利の下限はゼロ％と考えられており、実際にゼロ％に達したところでいくら中央銀行が資金供給オペを行っても金利はそれ以上、下がりようがない。一九九〇年代末以降の金融危機のさなかに、こうした「ゼロ金利制約」に中央銀行として世界で初めて直面することになった日銀は、もはや打つ手は残されていないと諦めてしまわず、中央銀行としては未経験・未知の領域ながら、まだ金融政策運営上やれることがあるのではないかと考え、世界で初めての試みである量的緩和に踏み切ったのである。

2　金融政策でなぜ景気を刺激できていたのか

ここで、中央銀行が政策金利を上げ下げすることによって、どのような経路で景気に影響を及ぼすことができていたのかを確認しておこう。

国全体の銀行システムは、中央銀行である日銀を頂点に、その下にメガバンク、地方銀行などが枝分かれしてぶら下がる形で構成されている。このうち、日銀と直接当座預金取引を行い金融調節のオペレーションの相手方となるのは、メガバンクや地方銀行、信用金庫であれば主に本店などで、信用組合などの協同組織金融機関であればその中央機関（全国信用協同組合連合会や労働金庫連合会、農林中央金庫等）である。それらの下には、銀行や信用金庫であれば各々の支店がぶら下がり、全信組連の下には各信用協同組合が、労金連の下には各労働金庫が、農林中金の下には各農協などが、さらに支店などの形で枝分かれして数多くぶら下がっている。そしてこれらの支店などが中心となって、日本全国の現場での金融仲介業務（企業や家計向けの貸出しや預金の受け入れなど）を担っている。

こうした銀行システムのもとで、日銀が短期金利を引き下げ誘導しようと、民間銀行の本店などを相手方に金融調節オペレーションを行って資金を供給すれば、短期金融市場で行われる取引につく短期金利が下がり、その効果は枝分かれした銀行システムにより広く世の中に伝播《でんぱ》していく。具体的には、銀行の支店などが家計や民間企業向けに実行する貸出しが増加して、設備投資や住宅投資が増えて経済活動全体が活発化するように後押しするのだ。金利がプラスの状態にある通常の世界では、国内外を問わず、民間銀行がこのように企業や家計向けに実行する貸出しの全体額の伸びは、おおもとの日銀が各銀行の本店などに向けて供給する資金の伸びよりはるかに大きくなることが知られている。銀行システム全体が、次々と枝分かれしていく形状で構成されていることからすれば、この点は感覚的にも理解しやすいのではないか。

深刻な金融危機の影響がまだ尾を引いていた二〇〇一年頃、「ゼロ金利制約」に直面した日銀は、短期金利をゼロ％よりさらに低くは下げられなくとも、オペレーションで短期金融市場にこれでもかと巨額の資金を供給すれば、その効果が各民間銀行の本店などから支店などを通じて拡大し、市場でプラスの金利がついているときと同様に、企業や家計向けの貸出しが増え、経済活動を押し上げられるかもしれないと考え、ゼロ金利下での量的緩和に踏み切ったのだ。これは、世界で初めて試みられた実験的な金融政策であった。

3　量的緩和の効果の現実

では、二〇〇一年三月から二〇〇六年三月までの五年間にわたって行われた量的緩和の効果の現実はどのようなものだったのか。

図1‐3は、一九九〇年代末からの日本のマネー関係指標を指数化した推移を示したものだ。このうち「マネタリーベース」（細線）は日銀が短期金融市場でオペを通じて民間銀行に直接供給した資金の残高に、銀行券の発券残高を加えたものを表す。「信用」（薄線）は、民間銀行から企業や家計向けの貸出しの残高のことだ。「M２＋CD」は「マネーストック」とも呼ばれ、民間銀行がわれわれ顧客から受け入れる預金等の残高を示すものであるが、企業や家計向けの貸出しは、ひとたび実行され、設備投資などの資金として使われることになれば、回り回っていずれかの民間銀行の預金として戻っ

図1-3　日本のマネタリーベース・広義マネー・信用（1999年１月=100）と消費者物価指数前年比の推移

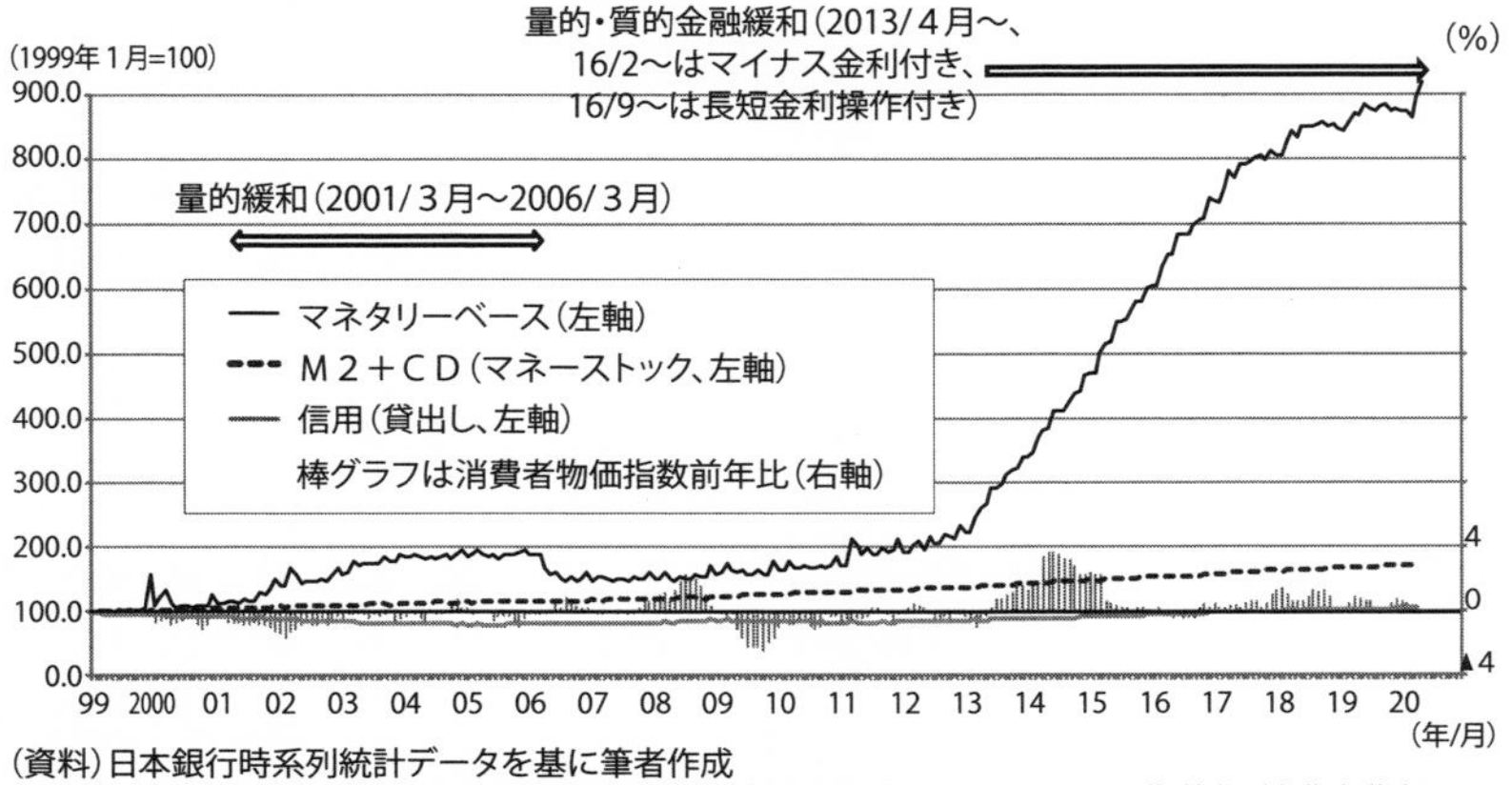

（資料）日本銀行時系列統計データを基に筆者作成
（注１）マネタリーベース、M２＋CD、信用（貸出し）は1999年１月=100として指数化。消費者物価のみは前年比で、2014年４月の消費税率引上げの影響を含むベース
（注２）M２＋CDは連続する統計がないため、2003年４月時点の旧統計ベースの指数（1999年１月＝100とすると111.2）が一致するように新統計を接続して表示
（注３）貸出金は国内銀行銀行勘定と信託勘定の合計

てくることになるため、民間銀行全体として大きく捉えれば、貸出しが増えれば預金も同じように増える筋合いのものである。

　金利がプラスの状態にあったかつての時代には、中央銀行が民間銀行等を相手に供給するマネタリーベースの量を増やせば、言い換えれば、短期金融市場にオペで資金を供給して短期金利を引き下げ誘導すれば、それとともに、マネタリーベースを大きく上回る形で民間銀行による貸出し（図中の「信用」）やマネーストック（同じく「M２+CD」）が伸び、経済活動を刺激することができていた。これは日本に限らず、各国を通じて共有されていた経験で、金融政策運営の基本を支えるメカニズムとなっていた。

　ところが**図1-3**が示すように、金利がゼロ%にまで低下したもとで、日銀が量的緩和によってマネタリーベースを大幅に増加させても、民間銀行の貸出しや、貸出しが還流する形で戻ってくる預金（マネーストック）は、金利がプラスであった時代のように伸びることはなかった。金利がプラスの時代と同じ動きをするのであれば、指数化したマネーストックや民間銀行の貸出しは、同じく指数化したマネタリーベースを大きく上回って推移するはずであったのに、上回るどころか大きく下回る結果になってしまったのである。民間銀行の貸出しが伸びない以上、社会全体の経済活動が活発化することも物価が上がることもなく、その後、日本ではデフレ状態が長期化することになった。

　その後の専門的な実証分析などを通じ、二〇〇一～〇六年の日銀の量的緩和には、流動性の供給を通じて金融危機を収束させるうえでは効果はあった（注2）ものの、実体経済や物価の押し上げにはほとんど効果はなかった、という理解が一般的になっていた。(注3) この点は、この時期に日本で生活していた私たち国民の、景気や物価動向に関する肌感覚とも合致するものといえよう。そして白川方明総裁時代までの日銀も、量的緩和の効果に関するこうした評価や理解を受け入れつつ、以降の金融政策運営を組み立てていたのである。月二兆円程度の長期国債買い入れを行っていたときもあったが、金融調節の目標は従前どおり短期金利のままであった。

社会科学である経済学や金融論は、自然科学の世界とは異なり、研究室内の机上で構築した理論が現実にも通用するのかどうかを、あらかじめ実験して確認することはできないものだ。「金利が〝ゼロ金利制約〟にあるもとでは、中央銀行が民間銀行向けに供給するマネタリーベースをいくら増やしても、金利がプラスの時代のように、民間銀行から市中の企業や家計向けの貸出しが伸びることはない」というのは、日銀が世界で初めて、ゼロ金利制約下で量的緩和政策を試みてわかったことだったのである。

(注2) 金融危機時には、金融機関同士が相互不信状態に陥るため、市場で資金不足者と資金余剰者が効率的に取引することは難しくなり、通常時よりもはるかに多くの資金（流動性）が必要になることによる。
(注3) ただし、やや細かくなるが、日銀が多額の国債を買い入れる量的緩和と合わせて実施していた「時間軸政策」（海外では「フォワード・ガイダンス」と呼称することもある）には、景気を下支えするうえで一定の効果があったとみられている。時間軸政策とは、政策金利である短期金利をゼロ％といった超低水準に維持する状態を、現在のみならず将来にわたる一定の期間、継続することを先回りして約束す

る政策のことである。

4　黒田日銀の当初の受け止め方

日本ではその後、民主党政権時代や二〇一一年の東日本大震災を経て、一二年末の総選挙で自民党と公明党が連立で政権に復帰し、第二次安倍晋三政権が発足した。そして白川前日銀総裁は任期をわずかに残して辞任し、黒田東彦氏が新たな日銀総裁に就任することになった。黒田氏は二〇〇〇年代の日銀の経験から得られた量的緩和の効果の評価を素直に受け止めることはせず、一三年三月の国会での所信聴取では「それまでの日銀の金融緩和の度合いが足りなかったから、日本はデフレから長年、脱却できなかった」、「自らが日銀総裁に就任すれば、二%の物価目標を、二年程度で達成することをめざし、大胆な金融緩和を実施する」と述べている。

日銀は同年四月から「量的・質的金融緩和」を開始した。これは、黒田総裁の「マネタリーベースを大幅に増加させれば物価は上昇する」とのかねてからの持論に基づくもので、日銀はこの時点から、金融調節の目標を、白川総裁時代までの短期金利（政策金利）から、日銀が民間銀行相手に供給する資金量であるマネタリーベースに変更するという、「マネタリーベース・コントロール」を採用した。黒田総裁は、一三年四月の記者会見で、〝量的〟緩和の意味として「マネタリーベースや長期国債等の保有額を二年間で二倍に拡大し、二年間で二％の物価目標を達成する」と述べている。さらに〝質的〟緩和として、株式市場等の資産価格に働きかけるために、白川総裁時代から細々と行っていたETFやJ-

ＲＥＩＴ（不動産投資信託）の買い入れを、それぞれ大幅にペースを引き上げて実施することにした。ところがその後の日本経済の実際の推移は**図1－3**が示すとおりで、貸出しやマネーストック（預金）の伸びが高まることもなく、物価が伸びたのも最初の一年間のみでそれ以降は低迷状態が今日まで続いている。要するに、国全体を巻き込むこれだけ大がかりな金融政策の実験を行っても、効果の面では、二〇〇〇年代の量的緩和時とあまり大きくは変わらない結果を確認できるにとどまっているのである。

5　海外主要中銀もゼロ金利制約に直面

海外に目を転じてこの間の動きをみると、日銀が二〇〇六年に量的緩和を解除した二年後の二〇〇八年にはリーマン・ショックが発生し、今度は世界全体が金融危機に直面することになった。そして欧米の主要な中央銀行もたちまち、政策金利を引き下げたくてもそれ以上は引き下げられないという「ゼロ金利制約」に相次いで直面することになった（**図1－1**）。では彼らは、それに先立つ二〇〇〇年代の日銀の量的緩和による経験をどのように受け止めつつ、自らの手による新たな領域の金融政策を組み立てていったのか。実際には、彼らが採った考え方や未踏の領域に踏み込む際の政策運営のアプローチは、黒田日銀が「量的・質的金融緩和」のもとで採ってきたものとは極めて対照的なものだった。

次章以降は、まず、米国の連邦準備制度（Ｆｅｄ）から順に、金融危機以降の主要中央銀行の金融政策運営をみていくこととしたい。

第2章　米国の中央銀行（Ｆｅｄ）の金融政策

1　Ｆｅｄの仕組みと金融危機に直面するまでの動き

米国の中央銀行は連邦準備制度（Ｆｅｄ：The Federal Reserve System）である。「制度」という名称は中央銀行のイメージになじまないような感じもするが、米国の場合、実は一つの「中央銀行」が存在するわけではない。鍵となる三つの主体から構成される集合体が中央銀行の役割を担い、具体的には**図2-1**に示すように、①金融政策の遂行、②金融システムの安定の維持、③金融機関の監督と規制、④決済システムの安全性と効率性の向上、⑤消費者保護と地域開発の促進、という五つの機能を果たすという、分権的な中央銀行制度となっている。

1　Ｆｅｄを構成する三つの主体

鍵となる三つの主体とは、①連邦準備制度理事会（ＦＲＢ：Federal Reserve Board of Governors）、②一二の連邦準備銀行（地区連銀とも呼ばれる）、③連邦公開市場委員会（ＦＯＭＣ：Federal Open Market Committee）である。

ＦＲＢは七名の理事から構成され、Ｆｅｄが担うすべてのオペレーション、換言すれば五つの機能のすべてを総括する役割を担う。

地区連銀は全米で一二行が存在し（**図2-2**）、各地区における金融機関の監督や決済システムの運営を担っている。このうちニューヨーク（ＮＹ）連銀には、Ｆｅｄ全体として金融政策を運営するうえでの勘定（システム公開市場勘定）が置かれ、同行は金融市場に対する日々の資金供給・吸収オペレーション等々の金融調節を一手に担うという特別な立場にある。

図2-1　米連邦準備制度（Ｆｅｄ）の構成と機能

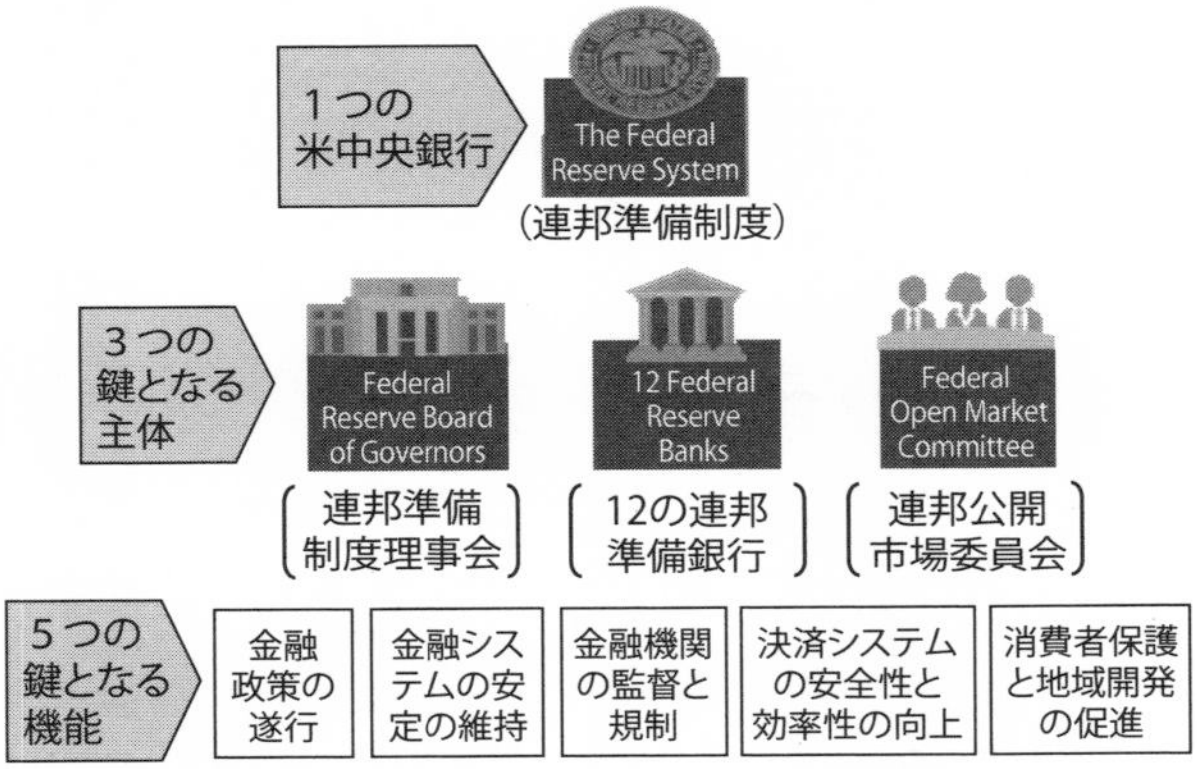

（資料）Board of Governors of the Federal Reserve System, The Federal Reserve System Purposes & Functions, 10th edition, October 2016, p1 Figure 1.1を基に筆者作成

図2-2　12の地区連邦銀行

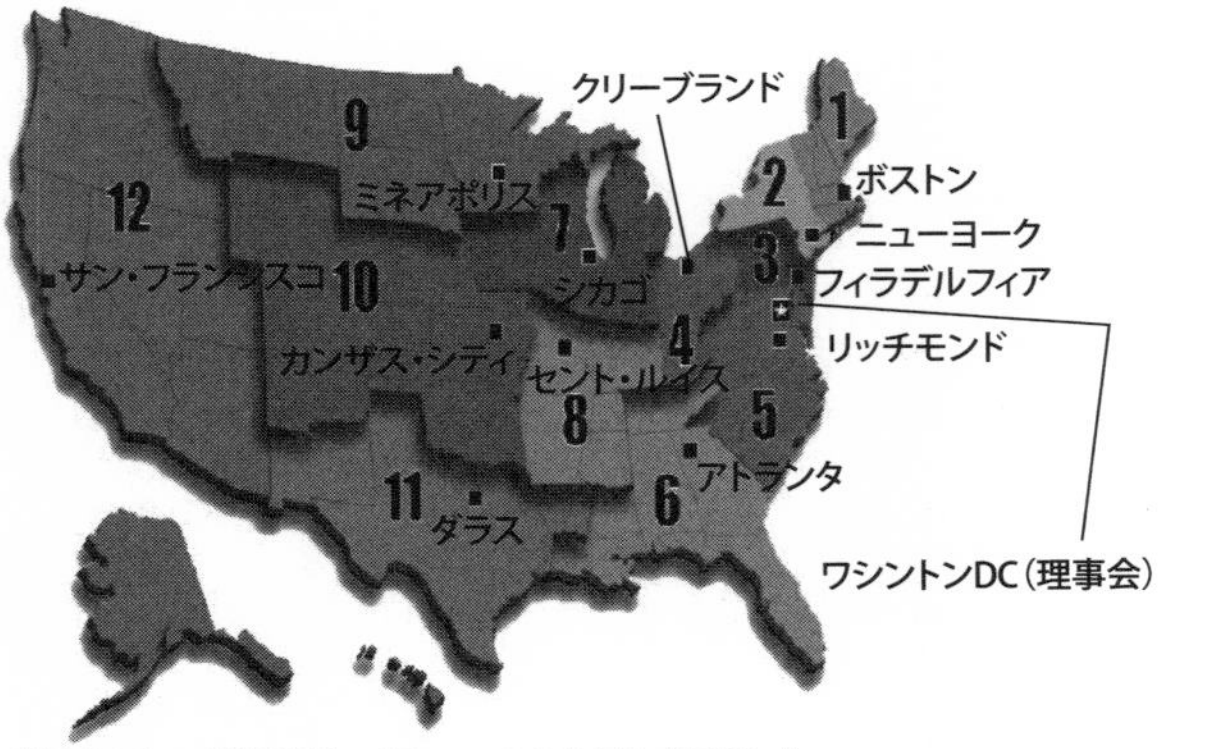

（資料）図2-1前掲資料 p4 Figure 1.3 を基に筆者作成

実際の金融政策運営はＦＯＭＣで決定され、ＮＹ連銀への金融調節の具体的な指示もＦＯＭＣから発せられる。ＦＯＭＣのメンバーは、ＦＲＢの理事七名全員と、地区連銀総裁一二名から毎年五名が、二〜三年サイクルでの輪番方式で加わって構成されるが、金融調節の実務を担うＮＹ連銀総裁は常にメンバーに加わり、ＦＯＭＣの副議長を務めることになっている。ちなみに、Ｆｅｄの金融政策運営の目的は、議会が定めた連邦準備法に「最大雇用と物価安定、および適度な長期金利という目標の達成を効率的に推進すること」と明確に規定されている。

2　強い独立性の源

ＦＲＢの七名の理事は大統領が指名し、上院の承認を経て就任するが、自ら辞任しない限り一四年という長い任期が与えられ、政治情勢の変化に左右されにくいＦｅｄの強い独立性を担保している。ただし、実際の人事運営は容易ではなく、現在も七名の理事ポストのうち二名分は空席の状態にある。(注1)

ＦＲＢの議長と副議長は理事のなかから大統領が指名し、上院が承認するが、その任期は四年である。米国の中央銀行のトップであるＦＲＢ議長はＦＯＭＣの議長も務めることになっている。

このＦＲＢ議長は、かつては長い任期を務めることが多かった。米国が経常収支赤字と財政赤字という〝双子の赤字〟に苦しんでいた一九八〇年代、インフレ・ファイターとして名高かったボルカー議長の在任期間は七九年八月〜八七年八月までの八年間。続くグリーンスパン議長は八七年八月〜二〇〇六年一月までという、実に約一八年半という長期間にわたりＦＲＢ議長の座にあった。同議長は、公式の場での発言が少なく、なかなか理解しがたいことでも有名だったものの、当時としては史上最長の米国の景気拡大を実現したことから、市場関係者の間でマエストロ（巨匠）などと持て囃《はや》されていた。

（注1）二〇二〇年七月に米上院銀行委員会において候補者二名による公聴会を経て承認されるところまでようやく漕ぎ着けた後（うち一名は賛否差わずか一票の僅差）、本稿を執筆している二〇二〇年八月現在は、は本会議の承認待ちの状態にある。

3 世界的な金融危機へ

しかしながら、バーナンキ議長にバトンタッチした翌二〇〇七年の夏前から、グローバルな金融市場の不調を示す事例が立て続けに発生するようになった。同年六月には、米の大手証券会社ベア・スターンズ傘下のヘッジ・ファンドが経営危機に陥った。同年八月にはドイツのＩＫＢ産業銀行が経営危機に陥ったほか、仏大手銀行のＢＮＰパリバが傘下の三ファンドを凍結し、国際金融市場には衝撃が走った（「ＢＮＰパリバ・ショック」と呼ばれる）。これらの危機の原因はいずれも、二〇〇〇年代半ばにかけて国際金融市場で大きく膨張していた、米国の住宅ローンを基に組成された証券化商品の問題が一気に露呈したことによる。

米国では元来、持ち家の取得こそ「アメリカン・ドリーム」を体現するものと位置づけられ、国民の夢となっている。歴代の政権もその促進を常に優先的な政策課題と位置づけてきた。歴史的にみれば低金利下にあった当時、米国では、複数の住宅ローンを複雑に分解したうえで組み合わせ、証券化商品を組成して投資家に転売する証券化ビジネスが発達したことを背景に、本来であればマイホームの取得には手が届きにくかった低所得層も住宅ローンを組むことが可能となった。彼らが組んだ住宅ローンは、通常の「プライム・ローン」の対象顧客を下回る信用度の顧客を対象に組まれたことから「サブプライム・ローン」と呼ばれた。ただし、このビジネスは、本来、債務の償還能力に乏しい低所得層が組んだ住宅ローンを元手にしており、米国の住宅価格が右肩上がりで上昇し、彼らが次々と住宅を転売することによってもとの住宅ローンを償還し、新しい住宅ローンに借り換えていくことが、ビジネス継続の前提となっていた。ところが実際には、二〇〇〇年代半ばの米国の不動産バブルの崩壊によって、このビジネスが成り立たなくなり、償還不能となる証券化商品が続出した。そして、これらの商品に多額の投資をしていた欧米の有力金融機関に次々と飛び火して、深刻な経営問題を引き起こす結果となった。米国のサブプライム・ローン問題を端緒とするこうした国際金融市場の動揺は「サブ・プライム危機」と呼ばれるようになった。

４　「Ｆｅｄビュー」と「ＢＩＳビュー」

ちなみに、グリーンスパン時代までのＦｅｄの金融政策運営の主眼はあくまで実体経済にあった。米国の当局者の間では、「金融政策は、バブルを破裂させることはできず、またそうすべきでもなく、むしろバブルが破裂した後に精力的に用いられるべきである」という「Ｆｅｄビュー」といわれる考え方が主流を占めていた。それは、欧州、とりわけ大陸各国の政策当局の「金融政策運営の面でも、中長期的な物価安定を確実にするためには、金融市場におけるバブルの発生を未然に防ぐための対応が必要」とする考え方（「BISビュー」(注2)）とは対照的であった。

しかしながら、「Fedビュー」を追求した挙げ句、当時として史上最長の景気拡大を達成した功績とは裏腹に、その最後にこうした世界的な金融危機を招く結果に至り、その後は米国の当局者の間でもこうした考え方が語られることは少なくなっているように見受けられる。そして、一時は市場関係者の間で神様のように崇《あが》められていたグリーンスパン元議長に対する評価も、金融危機後は地に落ちたも同然となってしまった。

（注2）各国中央銀行相互の決済を行うほか政策協調の要となる「中央銀行の中央銀行」である国際決済銀行（BIS）がスイスのバーゼルに置かれており、BISの首脳陣や欧州大陸諸国の中央銀行当局者の多くがこの考え方を採っていたことからこう呼ばれる。

5　サブ・プライム危機以降の金融政策運営

国際金融市場のこうした動揺をみて、バーナンキ議長（当時）率いるFedは二〇〇七年九月、約六年半振りに金融緩和に転じ、当時五・二五％あった、政策金利であるFFレートの引き下げを開始した（**図2-3**）。しかし危機は収まらず、二〇〇八年三月にはベア・スターンズの本体が経営危機に陥り、米大手銀行ＪＰモルガン・チェースが同社を買収して救済し、かろうじて急場をしのぐことになった。

さらに、同年七月には、米の政府支援機関（準政府系金融機関）である住宅金融大手のファニーメイとフレディマックが経営危機に陥った。この両社は、米国の住宅金融市場において、証券化商品に保証を付与するなどの大きな役割を果たしていたが、返済不能の住宅ローンが続出し、ついにはこれらの政府支援機関自らの経営が危うくなったのである。

６　リーマン・ショックでゼロ金利制約に直面

そして二〇〇八年九月にはついに、米証券大手リーマン・ブラザーズが破たんする事態となった。ベア・スターンズのときのような他社による救済は成らず、米国当局は同社を破たんさせる道を選び、世界の金融市場は大混乱に陥ったのである。住宅金融大手のファニーメイとフレディマックもこれと同じ頃破たんし、米連邦政府

図2-3　米連邦準備制度の政策金利（ＦＦレート・ターゲット）と米国の雇用・物価指標等の推移

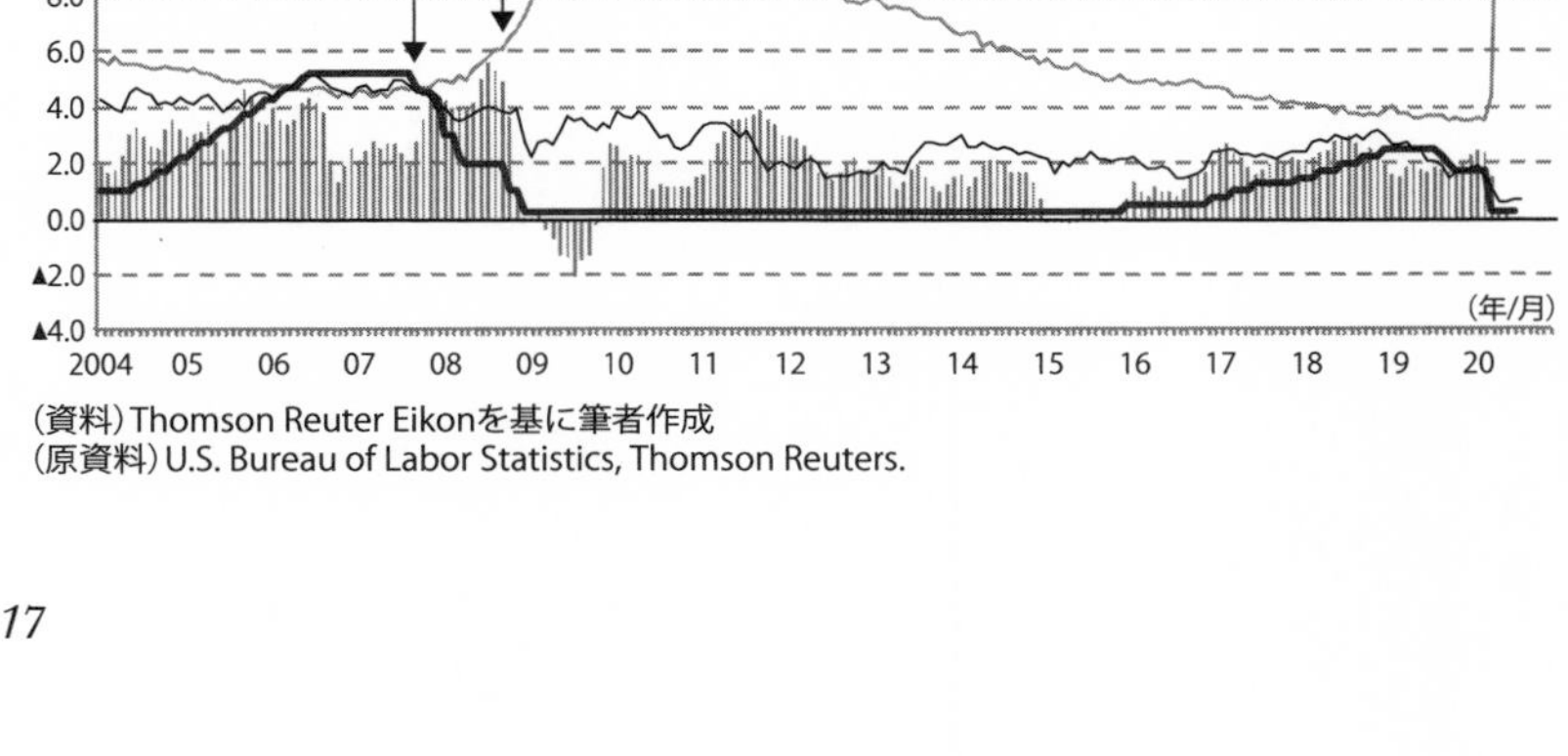

(資料) Thomson Reuter Eikonを基に筆者作成
(原資料) U.S. Bureau of Labor Statistics, Thomson Reuters.

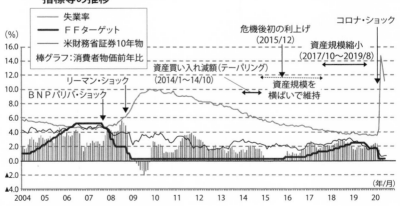

の管理下に入った。

米国自らがこうして招いた世界的な金融危機に直面し、ＦｅｄはさらにＦＦレートの引き下げを続け、利下げ開始後からわずか一年三か月後の同年一二月には早くも、当時の短期金利の引き下げの限界と考えられていたゼロ％近傍（〇・二五％）に達することとなった。こうしてＦｅｄも、日銀が九〇年代末の不良債権問題後に直面したのと同じ「ゼロ金利制約」に向き合わざるを得ないことになったのである。国際金融市場はマヒ状態に陥り、実体経済も、多くの米国民が職を失い、失業率が急上昇するなど一九三〇年代の「大恐慌」(The Great Depression) 以来の「大不況」(The Great Recession) に直面するなか、従前からの金融緩和手段であった「政策金利の引き下げ」を、Ｆｅｄは危機の初期段階で早くも使い尽くしてしまっていた。

ではそのとき、Ｆｅｄの首脳陣は何を考え、先行していた日銀の量的緩和からどのような教訓を得て、自らの金融政策運営を組み立てていったのか。それは現在の黒田日銀の「量的・質的金融緩和」とどのように異なるものであったのか。

２ 大規模な資産買い入れに踏み切ったＦｅｄ

日銀が量的緩和政策を実施していた二〇〇〇年代前半、Ｆｅｄはグリーンスパン元ＦＲＢ（連邦準備制度理事会）議長の長期政権時代の終盤で、バーナンキ氏はＦＲＢ理事だった（〇六年からはＦＲＢ議長）。

１　バーナンキ論文

不良債権問題で深刻なダメージを受け、デフレに陥った日本経済を何とか立て直そうと日銀が苦労を重ねるのを目の当たりにして、海の向こうではバーナンキ理事（当時）が、「ゼロ金利制約」に直面した中央銀行が、もはや政策金利をそれ以上引き下げ誘導できなくても、実体経済を刺激するうえで採り得る別の選択肢がないのかを検討し、二〇〇四年に共著の形で論文(注3)を発表した。同論文はそのわずか数年後、Ｆｅｄがリーマン・ショック（二〇〇八年）に直面して、実際に非伝統的な手段による金融政策運営に踏み切ることを余儀なくされた際の理論的なバックボーンになったものとみられている。

このバーナンキ論文によれば、「ゼロ金利制約」のもとで考えられる金融政策運営の手段の選択肢には**図２－４**に示すような三つがある。

図2-4　2004年のバーナンキ論文が示した、ゼロ金利の制約のもとで考えられる金融政策運営の手段のオプション

オプション	内　容	政策の呼称の例
1	将来の短期金利予想への働きかけ	**「フォワード・ガイダンス」「時間軸政策」**
2	中央銀行のバランス・シートにおける資産構成の変化	**「オペレーション・ツイスト」**
3	中央銀行のバランス・シートの規模の拡大	**「量的緩和（Quantitative Easing）」**

（資料）Ben S. Bernanke and Vincent R. Reinhart [2004]. “Conducting Monetary Policy at Very Low Short-Term Interest Rates (Policies to deal with Deflation)”, *American Economic Review*, The American Economic Association, May 2004を基に筆者作成

（注）政策の呼称の例は、その後の各中央銀行が実際の政策運営上、用いたもの。このうち、バーナンキ論文において言及されていたのは３の「量的緩和」のみ

一番目は将来の短期金利予想に働きかける政策で、社会全体としての当初の予想よりも長い期間、短期金利を低水準で維持することを中央銀行が先回りして約束してしまう、というものである。その後、各国の中央銀行はこのオプションを「フォワード・ガイダンス」（Ｆｅｄ）や「時間軸政策」（二〇〇〇年代前半の量的緩和時の日本銀行）といった呼称で採用した。

二番目は中央銀行のバランス・シートにおける資産構成を変化させる政策で、中央銀行の保有する資産を入れ替えることによって長短金利水準に影響を及ぼそうとするものである。例えば短期国債から長期国債に入れ替えれば、長期金利を押し下げることができると考えられた。

三番目は中央銀行のバランス・シートの規模を拡大する政策である。バーナンキ論文では、政策金利がゼロ％近傍に達してもなお、中央銀行は民間銀行に資金（マネタリーベース）を供給することができると考え、これを「量的緩和（Quantitative Easing）」と呼称した。ただし、〇四年のこの論文執筆時点では、バーナンキ氏でさえも、中央銀行が民間銀行に供給するマネタリーベースを増やせば、金利がプラスの領域にある時と同様に、民間銀行が市中（われわれ家計や企業等）に供給するマネーストックの増加につながり、それが実体経済の底上げにつながるということを前提とする書き振りとなっていた。しかしながら実際には、第1章で述べたように、日銀が二〇〇一～〇六年に行った量的緩和という世界で初めての実験的な金融政策運営によって、金利がゼロ％近傍にあるもとでは、中央銀行がいくら民間銀行に供給するマネタリーベースを増やしても、民間銀行が市中に供給するマネーストックの増加にはつながらないことが明らかになっていたのである（前掲**図1-3**参照）。

（注３）Ben S. Bernanke and Vincent R. Reinhart. "Conducting Monetary Policy at Very Low Short-Term Interest Rates (Policies to deal with Deflation)", *American Economic Review*, The American Economic Association, May 2004.

２　日銀の量的緩和に対するシビアな見方

その後二〇〇八年には、世界を金融危機が襲うことになり、バーナンキ氏はＦＲＢ議長の立場で自ら「ゼロ金利制約」に直面することとなった。リーマン・ショックから四か月後の二〇〇八年一二月、米国経済が一九三〇年代の大恐慌時に匹敵するような危機状態にあるにもかかわらず、Ｆｅｄはすでに政策金利であるＦＦレートをゼロ金利の一歩手前の〇・二五％にまで下げてしまっていた。金融政策運営を議論するＦＯＭＣ（連邦公開市場委員会）では、従前にはなかった新たな金融政策手段の採用を検討するのに際し、まず、先行した日銀の量的緩和の経験をどう評価するかが徹底的に議論されている。五年後の二〇一三年に公表された当時の詳細な議事録によれば、Ｆｅｄの首脳陣は次のように発言している（注４）（太字は筆者）。

「バーナンキ議長

日本のアプローチ、量的緩和アプローチは、中央銀行のバランス・シートの負債側、特に準備預金やマネタリーベースの量に焦点を当てたものだ。その理論は、銀行に安いコストの資金を大量に配ることで、彼らが貸出を増やし、それが広範囲にマネーサプライを増加させ、物価を押し上げ、資産価格を刺激し、経済を刺激するというものである。

量的緩和政策に関する私の評決は、極めてネガティブだ。私には大きな効果が見えなかった。それゆえ、我々は量的緩和策とは異なる政策を議論したい。

コーン副議長

私はマネタリーベースを増やすことの効果に懐疑的だ。その増加は資産価格に影響を及ぼすと思われているようだ。しかし、**マネタリーベースを増やしても短期金利がこれ以上低下しないゼロ%の状態では、どの程度の効果があるか疑問である。**

私には効果が波及する経路が理解できない。**準備預金やマネタリーベースの量を指示する政策に作り変えることに、私は、非常に、非常に、躊躇する。**

イエレン連銀総裁（のちに議長）

ほとんどの証拠は、流動性の罠[注5]のときは、短期、中期には、マネタリーベースの変化は経済にほんのわずかの効果しかもたらさないと示唆している。このことは、**ゼロ金利下で政策手段としてマネタリーベースを採用することは不適切である**ことを意味している。

日本で量的緩和が行われた時は、銀行システムが必要とする量を超えてマネタリーベースが増額された。**それは日銀がゼロ金利政策を継続するという約束と関連してはいたが、それを除くと、認識できるような効果はなかった。**私の見解は議長が最初に表明されたものと同じである。」

金融政策に関して机上で構築された理論は、自然科学の分野とは異なり、事前に研究室内で実験して効果を確認できるものではない。いずれかの中央銀行が実験的に新たな手段を採用し、その効果を慎重に見極めつつ、机上の理論が現実にも妥当するのか否かを確認するよりほかに術《すべ》がないという性質のものである。二〇〇一年から〇六年の日銀の量的緩和の経験は、バーナンキ氏が、ＦＲＢ理事時代の二〇〇四年に論文を執筆した時点において、中央銀行が「量的緩和」に踏み切った際に金融市場で起こると想定していた内容にもそぐわないものであった。しかし、バーナンキ議長率いる二〇〇八年当時のＦＯＭＣは、日銀と日本経済が世界初の実験台となって得られたこの結果を素直に受け止めた。そのうえで、二〇〇四年のバーナンキ論文で示した政策運営上の選択肢を、現実に即して一部改めつつ、順次、慎重に実行に移していったのである。

（注4）この部分の訳出は加藤出『日銀、「出口」なし！　異次元緩和の次に来る危機』朝日新聞出版、二〇一四年七月による。

（注5）金利が一定水準以下まで下がり、ゼロ％近くなると、経験上、中央銀行がいくら金融緩和をしても景気を刺激するうえで効きにくくなること

3　Ｆｅｄは決して量的緩和とは呼称せず

上述のようなＦＯＭＣでの議論を経て、Ｆｅｄは二〇〇八年末にまず、金融危機で壊滅的な打撃を受

けた証券化商品の一つであるモーゲージ[注6]担保証券（ＭＢＳ）や、それらの保証を行っていたファニーメイやフレディマックなどの政府支援機関（ＧＳＥ）[注7]が発行するＧＳＥ債を破格の規模で買い入れ始めた（**図２－５**）。これらの債券は、土台となっている住宅ローンが焦げついて返済不能となれば、保有者にとって元本の満額が償還されなくなるかもしれないというリスクが高いもので、従前では中央銀行が買い入れオペレーションの対象とすることはおよそ考えにくかったものである。Ｆｅｄはその後ほどなく、米国債（財務省証券）も買い入れの対象に加えた。

　しかしながら、これらのオペレーションは、決して、民間銀行から債券を買い入れる見返りに巨額のマネタリーベースを供給すること自体を目的とするものではなかった。金融危機に突入した当時の米国の長期金利は、デフレが長期化していた日本とは異なり四％程度の水準にあり（**図２－６**）、Ｆｅｄは巨額の債券の買い入れによって、長期金利を押し下げ、危機による経済の底割れを何とか食い

図2-5　連邦準備制度のＬＳＡＰ（大規模資産買い入れ）プログラムの内容

プログラムの通称	時　期	買い入れ資産	規　模（10億ドル）
ＱＥ1（量的緩和１）	2008/12/5～2010/3/31	ＧＳＥエージェンシー債（注1） ＭＢＳ（住宅ローン担保証券） 財務省証券（＝米国債）	172 1,250 300
ＱＥ２（量的緩和２）	2010/11/12～2011/6/30	財務省証券	600
満期拡張プログラム（オペレーション・ツイスト）	2011/10/3～2012/12/30	財務省証券（短期債を売却し、長期債を買い入れ）	＋▲667（注２）
ＱＥ3（量的緩和３）	2012/9/14～2014/10/31	ＭＢＳ 財務省証券	823 790

（資料）Stanley Fischer, *Conducting Monetary Policy with a Large Balance Sheet*, Remarks at the 2015 U.S. Monetary Policy Forum Sponsored by the University of Chicago Booth School of Business, February 27, 2015, Table 1 を基に筆者作成

（注１）ファニーメイ、フレディマック等の政府支援企業（ＧＳＥ）が発行する社債
（注２）＋は資産の買い入れ額、▲は売却額を示す。

止めようとしたのである。そしてその後の実証分析により、Ｆｅｄのこうした大規模な債券買い入れが、累積で長期金利を一～数％程度押し下げる効果があったことが確認されている。[注8]

Ｆｅｄ自身は、こうしたオペレーションを決して「量的緩和」とは呼称せず、[注9]バーナンキ議長をはじめとする首脳陣の記者会見やスピーチ、スタッフによる論文等を通じて「大規模な資産買い入れ」（ＬＳＡＰ）という呼称を採用し、その後も一貫して通している。そこには、単にマネタリーベースの供給拡大をめざす金融政策運営を行うことは決してしない、という信念が込められている。そして、米国の金融指標の実際の動きをみても（**図２-７**）、危機前には米国の市中向けの貸出しやマネーストックの伸びが、中央銀行が民間銀行に供給するマネタリーベースの伸びを上回っていたものの、ＦｅｄがＦＦレートをゼロ％近傍まで引き下げてから大規模な資産買い入れを開始したもとでは、マネタリーベースが大きく増加しても、市中向けの貸出しやマネーストックの伸びはそれを大きく下回っていることがみてとれる。日銀が二〇〇〇年代前半に経験したのと同じ結果に帰着することになったのである。

図2-6　日米の10年国債金利の推移

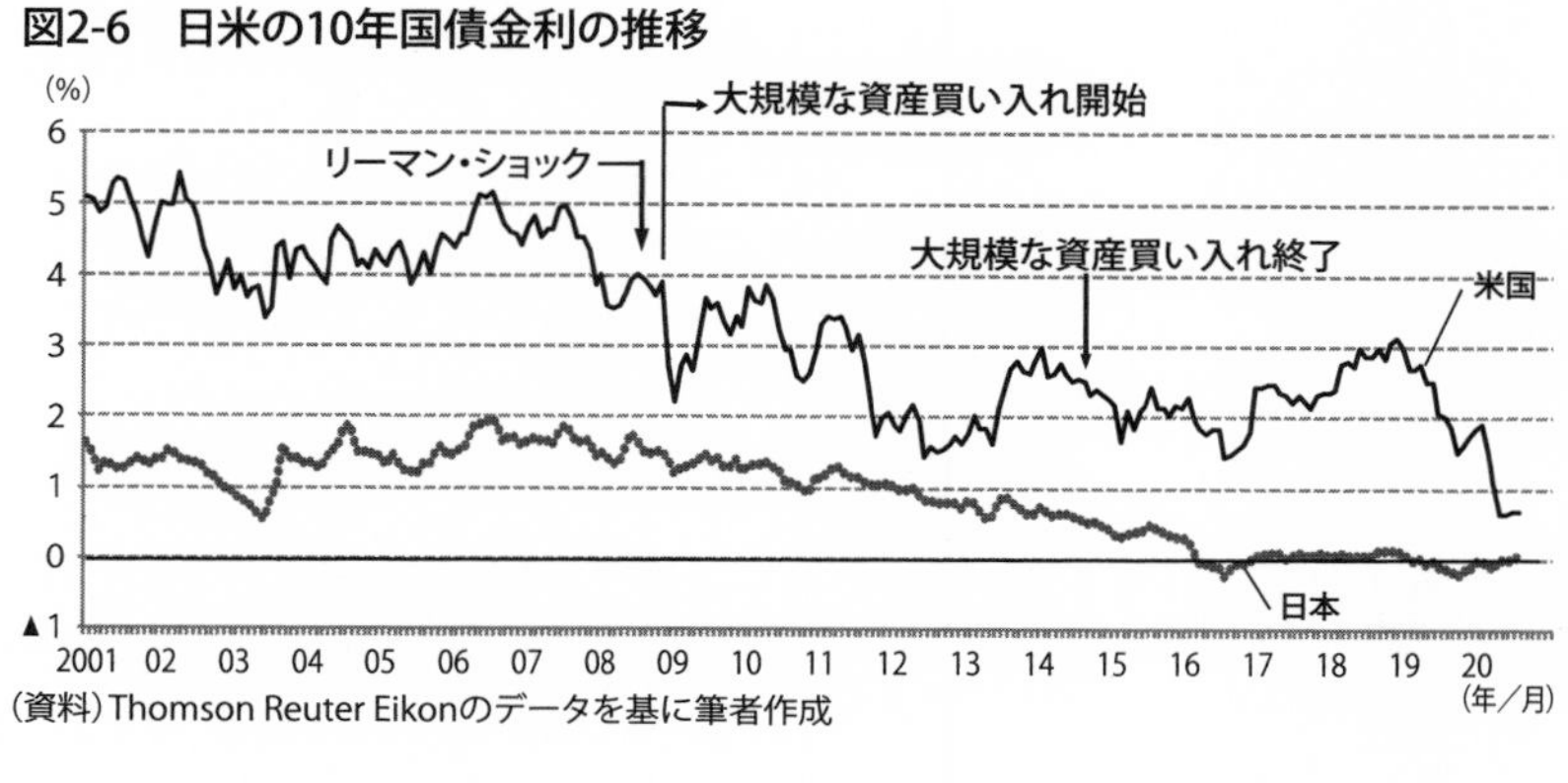

（資料）Thomson Reuter Eikonのデータを基に筆者作成

（注6）モーゲージとは住宅ローンのこと
（注7）ＧＳＥは準政府系金融機関。危機の展開の概要は本章[1]を参照
（注8）例えば、フィッシャー前ＦＲＢ議長の二〇一五年二月の講演資料を参照
（注9）ただし、メディアの通称としては、米国内外を含め、「量的緩和」という通称が多く用いられてきた。

4　新たな手段は期限付きで試行

そしてＦｅｄはその後、バーナンキ論文で提示されていた他の手段であった、低金利状態を長期化させることを先回りして約束するフォワード・ガイダンスや、Ｆｅｄの国債の保有残高はそのままに短期国債を長期国債に入れ替えるオペレーションツイストといった手段も順次、実行に移していき、Ｆｅｄの資産規模は大きく拡大していくこととなった（**図2-8**）。しかしながら、**図2-5**からも明らかなように、効果がどれほど得られるかわからないこれらの新たな手段を、Ｆｅｄは最初から期

図2-7　米国のマネタリー・ベース、広義マネー、信用と消費者物価指数の推移

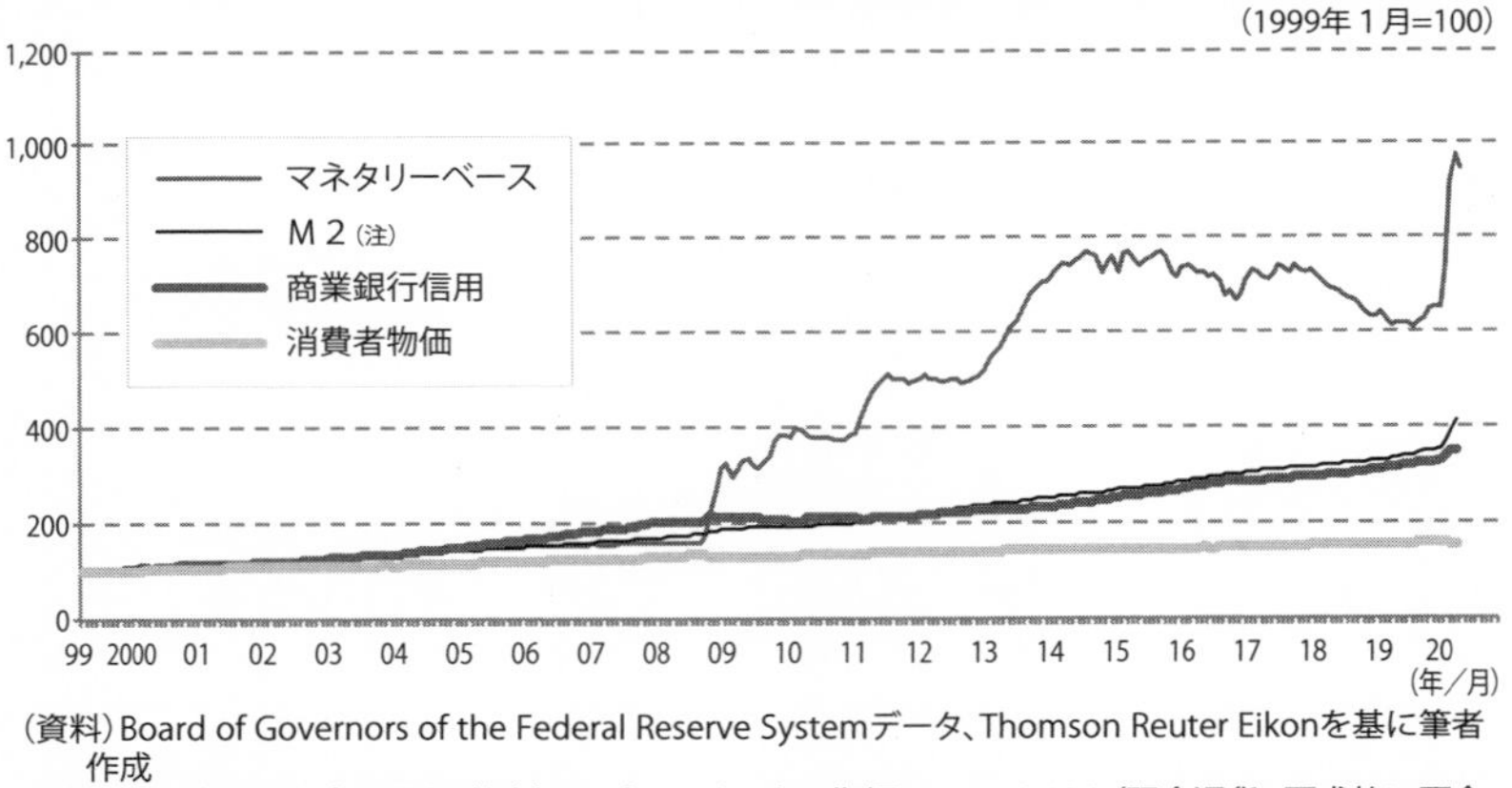

（資料）Board of Governors of the Federal Reserve Systemデータ、Thomson Reuter Eikonを基に筆者作成
（注）市中に出回るお金の量を計測するマネーストックの指標の１つで、Ｍ１（現金通貨+要求払い預金〈当座預金等〉）に定期預金等を加えたもの

限を定めずに漫然と実行し続けるようなことは決してしなかった。新たな金融政策の手段は、最初から期限を切って実施し、いったん立ち止まってその効果をよく見定めてから、次の展開の在り方を検討して実行に移す、という政策運営を繰り返していったのである。そのように一定の期間ごとの区切りを伴うＦｅｄの金融政策運営は、世間では、「ＱＥ１」「ＱＥ２」「ＱＥ３」と通称されることとなった。[注10]

さらにＦｅｄは、こうした大規模な資産買い入れには、長期金利の低下といった「都合の良いこと」ばかりではなく、様々な副作用が伴い、先々の金融政策の深刻な足かせともなりかねず、「都合の悪いこと」もあることを、異例の手段を採用した初期の段階から、米議会の公聴会や、様々なスピーチなどの場を通じて、丁寧に対外的な説明を行っていたのである（その詳細は次項3で扱う）。

こうした金融政策運営からは、未知の新たな手段を試みる際、机上の理論に過度に固執することなく、期間を限定したうえで、実験的な金融政策運営の効果を把握しつつ次の展開に歩を進めていくという、現実を謙虚に受け止め、かつ米国民や市場に対し徹底して説明責任を果たすＦｅｄの政策運営の姿

図2-8　金融危機後のＦｅｄの資産の推移（2007年8月～2015年12月）

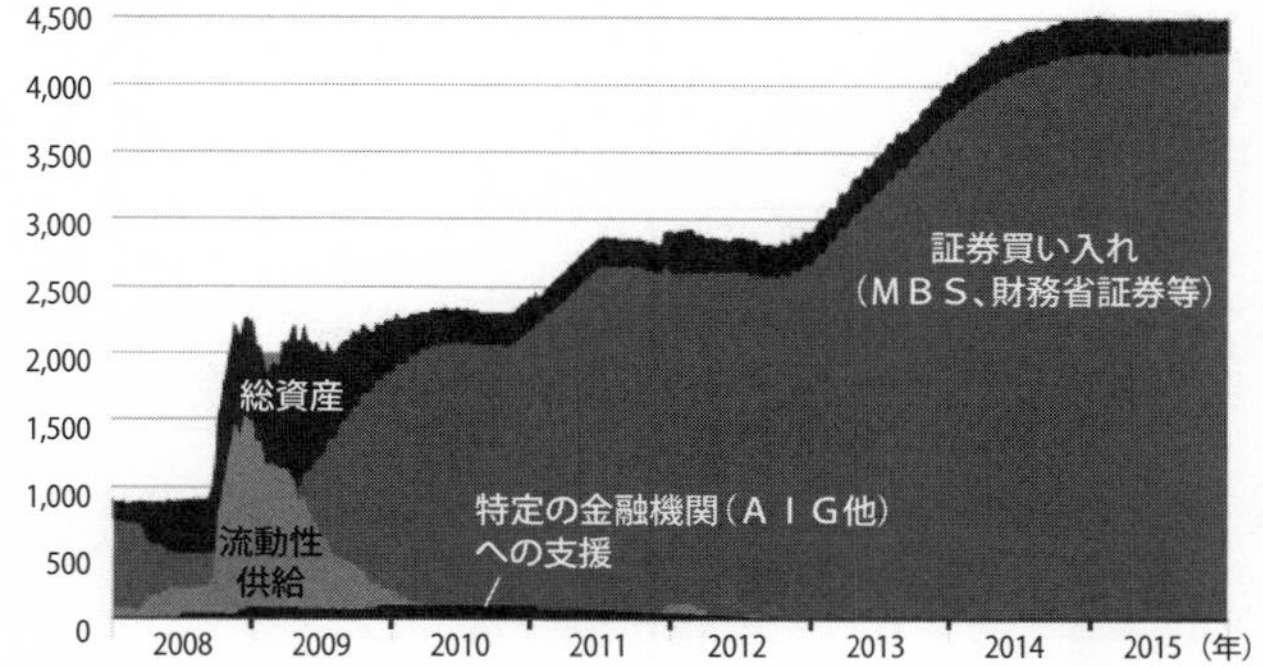

（資料）Board of Governors of the Federal Reserve System, *The Federal Reserve System Purposes & Functions*, 10th edition, October 2016, p44 Figure 3.5を基に筆者作成

勢がうかがわれる。

（注10）このうちQE3のみは、当初、終期を明示しないオープンエンド方式で開始されたが、それはQE1の終了からすでに二年が経過し、こうした資産買い入れの手法の効果が実証分析からも確認できていたからであるとみられる。

5　対照的な黒田日銀の政策運営

黒田日銀の姿勢は、Fedとは極めて対照的である。第二次安倍政権の下で黒田総裁が就任し、日銀が「量的・質的金融緩和」（QQE）を開始したのは二〇一三年四月。Fedが大規模な資産買い入れを開始した五年後のこの時点においても、黒田総裁は二〇〇〇年代前半の日銀の量的緩和の経験を素直には受け止めようとはせず、「白川総裁時代までは、日銀の金融政策が不十分だったから、日本は長年、デフレから脱却できなかった」と述べ[注11]、マネタリーベースの拡大を金融政策運営の目標に据えたのである。当時、欧米の主要中央銀行の間では、ゼロ金利制約のもとでのマネタリーベースの拡大それ自体には意義は乏しい、とするFedのような見方がすでに一般的となっていた[注12]にもかかわらず、である[注13]。

そして、「二年で（前年比）二％」を達成するはずだった日本の物価上昇率は、QQEへの着手から七年半以上が経過した現時点でも伸び悩み、マネタリーベースの拡大が物価の押し上げに持続的な効果はないことが誰の目にも明らかになっている。にもかかわらず日銀は、巨額の国債の買い入れを、その規模こそピーク時の年八〇兆円程度から足許《あしもと》では一〇～二〇兆円程度に減速させてはいるものの、今もなお漫然と継続している。Ｆｅｄのように、新しい政策手段は期限を区切って実施し、その効果のほどを一度立ち止まって検証し、虚心坦懐に次に打つ手を考える、という姿勢は日銀にはみられない。[注14]

日銀が際限なく国債を買い入れているおかげで、安倍政権の財政運営は楽なことこのうえなかったものの、二〇一六年二月からは巨額の国債買い入れにマイナス金利政策も加わり、地域金融機関の経営にすでに深刻な悪影響が及びつつある。これは、民間銀行が日銀当座預金に預ける際に、日銀が利息を民間銀行に払うのではなく、逆に民間銀行に、いわば手数料を日銀に対して支払わせる（オーバーナイト〈翌日物〉で預ける場合▲〇・一％相当）もので、日銀が地域金融機関等の預金にマイナス金利を課すことはできても、地域金融機関がそれを顧客の預金に転嫁することは事実上難しいからだ。そして同年九月からは、短期金利に関するこのマイナス金利政策に加えて、一〇年物の長期金利についてもゼロ％程度になるように日銀が誘導することを目的とする「長短金利操作（イールドカーブ・コントロール）」が導入され、多額の国債買い入れが継続されている。あわせて、ＥＴＦ（信託財産指数連動型上場投資信託）の多額の買い入れも行われており、日銀自身の財務運営は今後の金融情勢の変化に到底耐えられず、本来必要な機動的な金融政策運営はおよそ不可能になるとみられるほど大きく悪化している。二％の物価目標達成という当初期待された効果は乏しいことが明らかであるにもかかわらず、現在と将来の副作用ばかりを大きく膨らませる金融政策運営が続けられているのである。

（注11）黒田氏が日銀総裁候補として出席した二〇一三年三月四日の衆議院議院運営委員会における発言

（注12）少なくとも欧州中央銀行やカナダ銀行、スウェーデンの中央銀行であるリスクバンクの公表資料等にそうした考え方が明確に述べられている。

（注13）こうした金融政策運営は、日銀が二〇一六年九月にイールドカーブ・コントロールを導入して、金融政策運営の目標をマネタリーベースから再び金利（この段階では短期金利と長期金利の両方）に戻すまで継続された。

（注14）日銀は二〇一六年九月に、それまでの金融政策運営の「総括的検証」を行ったものの、効果の検証は不十分で、金融政策運営手法も抜本的な見直しができるには至っていない。

③ Ｆｅｄの正常化への取り組み

日本銀行は年八回開催する金融政策決定会合のうちの隔回に際し、要するに三か月に一度の頻度で、日銀として最新の景気予測である「経済・物価情勢の展望」（いわゆる「展望リポート」）をまとめている。二〇一三年四月に黒田総裁のもと、「二年で二％の物価目標を達成する」べく量的・質的金融緩和（ＱＱＥ）を開始して以来、日銀は展望リポートのなかで二％の目標達成の見通しを示し続けてきたが、実際にはその達成見通し時期の先送りが続いてきた。二年どころか五年たっても達成の見通しが全く立たない状況に追い込まれた二〇一八年四月、日銀はついに展望リポートに二％目標の達成時期の見通しを示すことすらやめてしまった。ＱＱＥの着手から早七年余りが経過している今日も、「二％の物価目標」は遠のくばかりとなっている。日銀の国債保有シェアはすでに約五割に達しているとみられ、市場で取引可能な国債の量は極端に減り、取引が成立せず金利がつかない日まで発生するようになっている。さらに、日銀のマイナス金利で収益を圧迫されている地方の金融機関からは悲鳴の声が続き、ＱＥの効果よりも弊害ばかりが目立つようになっているのにもかかわらず、黒田総裁はなお物価安定目標二％に固執し続け、現状の超金融緩和スタンスを維持する姿勢を決して崩そうとはしていない。

対照的に、海の向こうではＦｅｄは二〇一四年から新型コロナウィルス感染症が拡大して米国経済が危機状態に陥った二〇二〇年初めまで、着々と金融政策運営の正常化を進めていた。金融危機後の異例の金融政策運営からの「出口」の展望、正常化の必要性に関して、Ｆｅｄはいつごろから、どのような内容を米国民や市場関係者に対して説明していたのか。

１　着手一年後から出口戦略を説明

バーナンキ元ＦＲＢ議長は、Ｆｅｄが危機直後の二〇〇八年末に大規模な資産買い入れを開始してまだわずか一年強しか経過していなかった二〇一〇年二月、結果的には約七年間にわたることとなったＬＳＡＰによる政策運営を通じてみれば、まだその初期段階といえるこの時期に、米議会の下院金融サービス委員会において、早くも「Ｆｅｄの出口戦略」に関する議会証言を行っている。そのなかで同元議長は、「異例の緩和がこのまま永続することは決してあり得ない」、とまず釘を刺したうえで、「現下の金融拡張策が成熟すれば、Ｆｅｄは、インフレ圧力の高まりを回避するため、金融引き締めが必要となる」、「Ｆｅｄは、然るべき時が来れば、金融を引き締めるいくつものツールを有している」などと述べている。こうした発言は、Ｆｅｄがその後置かれた情勢をＬＳＡＰに着手した初期の段階でまさに言い当てていたものでもある。そしてＦｅｄが二〇一四年以降、実際に採用してきた「正常化戦略」で用いてきた手段を、この時点でほぼ正確に認識し、米議会という、米国民や市場に対する正式な説明の場で、具体的かつ明確に述べてもいるのである。

その後、Ｆｅｄは金融政策を決定する連邦公開市場委員会（ＦＯＭＣ）において、目先の資産買い入れといった金融政策運営をどうするか、という点ばかりではなく、将来的な金融政策運営の正常化（いわゆる「出口」）の在り方を、折にふれて議論していった。バーナンキ元議長や続くイエレン前議長のリーダーシップのもと、ＦＯＭＣのなかでそうした議論を行う機会が設けられたのである。そこで議論された内容は約三週間後に対外公表されるＦＯＭＣの議事要旨の内容を通じて、またバーナンキ元議長をはじめとするＦｅｄの首脳陣による記者会見や講演などの積極的な対外情報発信を通じて、米国社会や世界の市場関係者に対して丁寧に説明されていったのである。

2　なぜ正常化しなければならないのか

二〇〇八年末から大規模な資産買い入れを継続した結果、Ｆｅｄのバランス・シート（ＢＳ）は、ピーク時には危機前の約五倍という規模に膨張したうえ、資産・負債それぞれの構成内容も大きく変化したため、金融市場との関係も大きな変化を余儀なくされた（**図2-9**）。すなわち、危機前（**図2-9**の左の図）には、Ｆｅｄの負債の大部分を銀行券が占め、民間銀行による準備預金（**図2-9**中の「預金機関預金」）は、民間銀行相互の資金決済に必要な所要最小限の規模で維持されていたに過ぎなかった。Ｆｅｄは日々の金融調節によって、インターバンク市場の資金需給をごく少額変化させれば、市場参加者のなかに資金不足先と資金余剰先とが

図2-9　Ｆｅｄのバランス・シートの大まかな見取り図の比較
（2007年末と2017年9月末、2019年8月末）

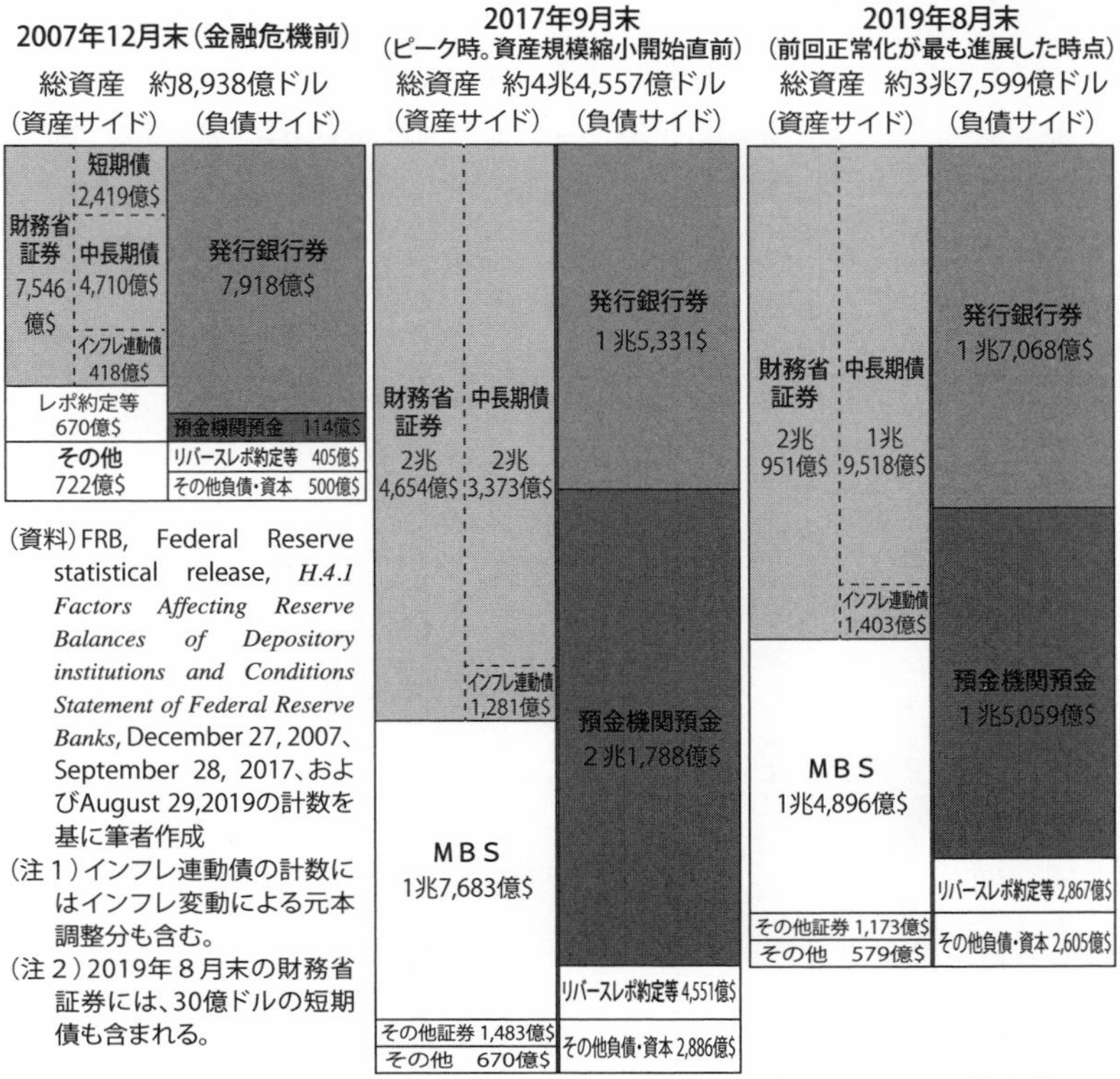

（資料）FRB, Federal Reserve statistical release, *H.4.1 Factors Affecting Reserve Balances of Depository institutions and Conditions Statement of Federal Reserve Banks*, December 27, 2007、September 28, 2017、およびAugust 29,2019の計数を基に筆者作成

（注１）インフレ連動債の計数にはインフレ変動による元本調整分も含む。

（注２）2019年８月末の財務省証券には、30億ドルの短期債も含まれる。

生まれて短期金融取引が成立し、市場金利を簡単に引き上げ誘導、ないしは引き下げ誘導することが可能であった。要するに中央銀行の平時の金融調節をFedも行っていた。

ところが、大規模な資産買い入れによってFedの資産規模がピークとなった時期（図2-9の中央の図。二〇一七年九月末時点）をみると、Fedが財務省証券（米国債）やMBS（モーゲージ（住宅ローン）担保証券）を多額に買い入れてきた結果、民間銀行はその対価としてFedから渡された巨額の資金を持て余し、Fedに預ける準備預金が大きく膨張していることがわかる。市場参加者全員がこのように「巨額のカネ余り」状態にあるもとでは、Fedが危機前のような少額の規模で金融調節を行って資金需給を変化させたところで、市場参加者のなかに資金不足先は誰もいないゆえ短期金融取引は発生せず、市場金利を意図したように誘導することはできない。そのままでは永遠にゼロ金利のままとなってしまいかねない。いずれ必ず正常化しなければならない理由はここにある。

単純に考えれば、Fedが買い入れてきた財務省証券やMBSを市場に売却できれば、そうした余剰資金を吸収できることになるが、債券市場で形成される長期金利への影響を考えれば、そうした売却は相応の年数をかけて行わざるを得ない。さらに、危機を脱して景気が好転したもとでは、市場金利は景気回復を反映して買い入れを行った危機時よりは上昇しているのが普通である。ちなみに金融商品である国債などの債券の価格は、常に一定のものではなく、市場で取引される金利の変化と表裏一体の形で上下し、市場金利上昇時には債券の価格は下落し、市場金利の下落時には債券の価格は上昇するという関係にある。これはすなわち、危機時（市場金利は低い）に買い入れた債券を、景気回復後（市場金利は上昇）に売却しようとすれば、価格が下落しているため、Ｆｅｄが売却損を被ることを意味する。売却額が巨額になればＦｅｄとしてその損失を到底、吸収し得なくなるため、容易ではない。

そこでＦｅｄは、そうした状況下でも何とか市場金利を引き上げ誘導しつつ、正常化を進められるようにすべく、次のような手を編み出した。買い入れた財務省証券等は、一〇年物であれば一〇年といったその満期が到来するまで保有しておき、満期が到来したところで連邦財務省から元本相当額を償還してもらい手放す、という形で、売却損を被ることなく、ゆっくりと年数をかけて自らのＢＳを縮小する。一方でその間は、民間銀行がＦｅｄに預ける準備預金（かつては無利子が当然であった）にＦｅｄが付利することとし、その付利水準を徐々に引き上げつつ、大規模な資金吸収オペレーションを併用すれば、巨額の余剰資金が残るなかでも、何とか短期市場金利を引き上げ誘導できる。Ｆｅｄは危機後に大規模な資産買い入れを続けている最中《さなか》から、いずれ来る正常化の局面においても、こうやって金融政策運営の自由度を引き続き確保できることを丁寧に対外的に説明し、実際にもこの手法で正常化を進めていたのである。

３　財務運営悪化の試算を公表

しかし、こうした正常化の手法の最大の難点は、金融機関でもあるＦｅｄの財務コストが大きく嵩《かさ》みかねない点にあった。

平時の金融政策運営を行っていた時代、Ｆｅｄの負債は、他の中央銀行と同様、銀行券、準備預金とも無利子であったため、基本的にコストはかからなかった。民間銀行が基本的に、企業等向けの貸出しにつける金利（ＢＳの資産サイド）と、顧客から受け入れる預金につける金利（ＢＳの負債サイド）との利ざやで稼ぐのに対して、中央銀行は負債サイドの金利（コスト）はゼロであったため、資産サイドの金利がそのまま丸儲《もう》けになる、という構造だった。中央銀行として金融政策を運営するうえで、財務運営上のコストが嵩むことなどあり得ず、どの国でも、中央銀行がそのように通貨発行を独占しつつ金融政策運営を行うことによって得た利益（「通貨発行益」という）は国庫に毎年、納付するのが普通である。

しかしながら、危機後の異例の政策運営によって、ＢＳをこれほどまでに大きくしてしまった以上、正常化が完了するまでの間は、Ｆｅｄは準備預金に付利する形で市場金利を引き上げ誘導せざるを得ない。負債サイドの付利の水準が万一、ＢＳの資産サイドで保有する財務省証券等の加重平均利回りを超えてしまうことになれば、Ｆｅｄは逆ざやに陥り、その状態が長期化すればＦｅｄの自己資本が食いつぶされ、連邦政府への国庫納付どころではなくなってしまう。

二〇一二年一二月、ＦＯＭＣは初めて、ＦＲＢスタッフによる試算結果を踏まえつつ、この問題について議論を行っている。この議論は、正常化局面におけるＦｅｄ自身の財務運営や連邦財務省への納付金がどのような形になるのかに関する点を含むもので、試算結果をみたＦＯＭＣメンバーの多くが、かなりの衝撃を受けた様子が議事要旨からもうかがわれる。その前回の会合までは議論にも上っていなかった、先行きの政策運営に関する慎重論が、この一二月のＦＯＭＣから次第に拡大し、翌二〇一三年の三月のＦＯＭＣにおいては、「ＬＳＡＰを同年末まで継続すべき」との見解を表明したのは、わずか二人のメンバーにとどまり、残りのメンバーは全員、「それよりも前の時点で買い入れのペースを落とす、ないしは終了させるべき」と主張したほどであった。

なお、ＦｅｄはＦＯＭＣにおけるこのような議論と並行して、二〇一三年一月、対外向けに、ＦＲＢスタッフによるディスカッション・ペーパーという、いわば議論のたたき台としての扱いながら、正常化局面におけるＦｅｄの財務運営等に関する試算結果を対外公表している。そのなかでは、先行きの市場金利シナリオによっては、Ｆｅｄから財務省への納付金が数年間にわたりゼロとなりかねない、という厳しい試算結果が示されていた（**図2-10**）。

こうした政策運営からは、危機後に実施してき

図2-10　Ｆｅｄの正常化に伴う連邦財務省への納付金の試算結果（2013年時点）

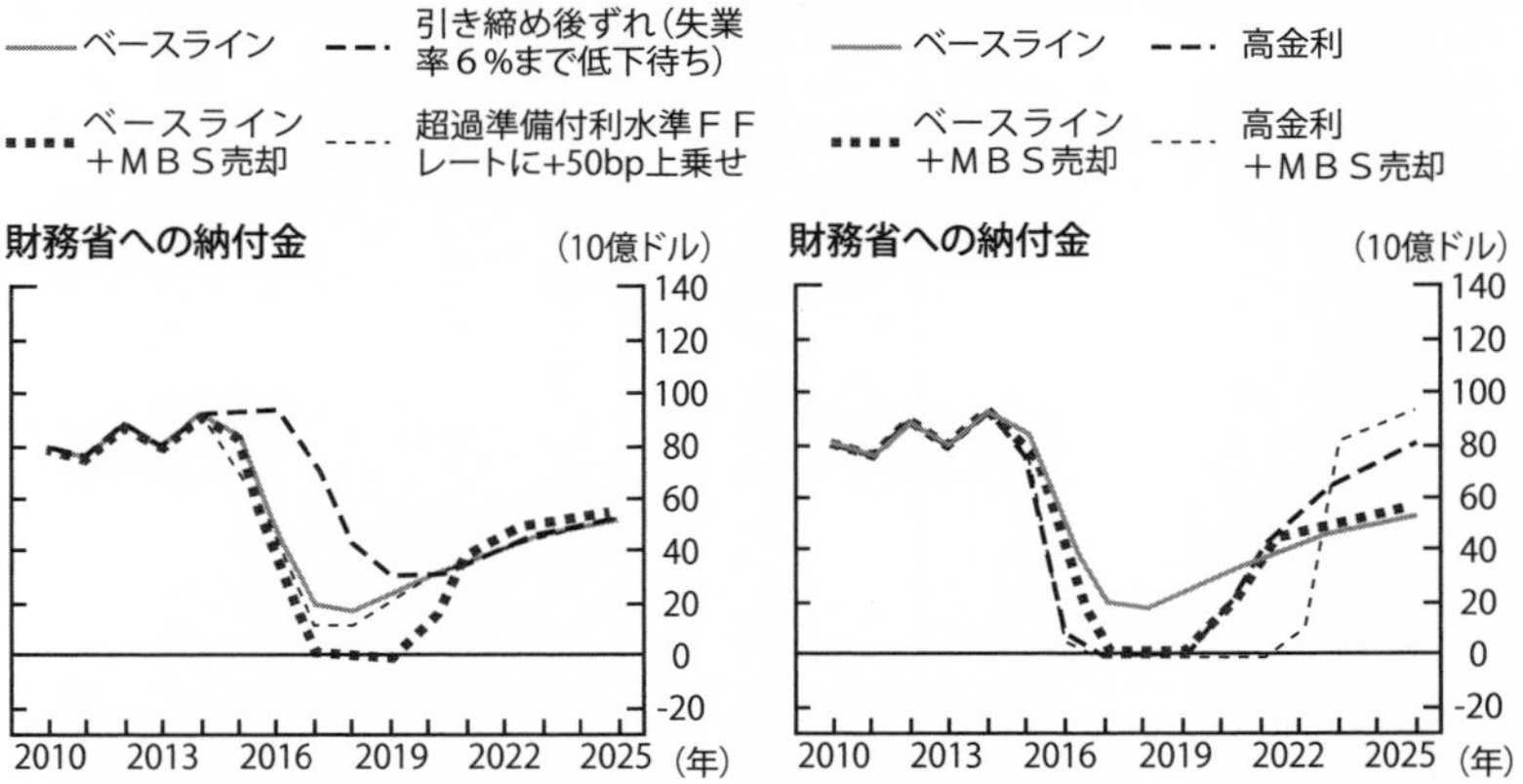

（資料）Seth B. Carpenter et al, "The Federal Reserve's Balance Sheet and Earnings: A primer and projections", *Finance and Economics Discussion Series* 2013-01, Divisions of Research & Statistics and Monetary Affairs, Federal Reserve Board, September 2013, p26 Figure 3, p28 Figure 5を基に筆者作成

（注）グラフは異なる金利シナリオごとの納付金の推移の試算結果を示す。実線はベースライン・シナリオ。点線、破線は様々なケースごとの金利上昇シナリオを示す。

た大規模な資産買い入れには、その実施期間中に国債につく長期金利が下がるといった、市場関係者が囃し立てるような都合の良いことばかりではなく、その後に都合の悪いことも起こるのだ、ということをも米国民や市場に説明しようとする、Ｆｅｄの中央銀行として責任ある誠実な姿勢がうかがわれる。

そしてこのような流れのなか、バーナンキ元議長は二〇一三年五月、米議会の上下両院合同委で議会証言を行い、「超低金利の持続が金融の安定を阻害する可能性を深刻に受け止めている」、「副作用の監視を強化する」、「二〇一三年中にも資産買い入れを縮小する可能性がある」などと述べた。これを機に、米国の長期金利は急騰し〝バーナンキ・ショック〟とも呼ばれる事態となった。

しかしＦｅｄはそれにもひるまず、その後もＦＯＭＣ内で議論を詰め、二〇一四年一月から、資産買い入れ規模の縮小（いわゆる“tapering”）を開始し、わずか一〇か月後の同年一〇月をもって、資産買い入れは停止された。そして、二〇一五年一二月には、危機後初めてのＦＦレート引き上げ誘導（〇・二五％→〇・五〇％）が実施され、その後も二〇一八年一二月に至るまで、断続的に実に八回の利上げが実施され、ＦＦレートは一時、二・五％の水準に達していた。二〇一七年一〇月からは、満期到来に応じて財務省証券等の債券をＦｅｄが順次手放す形での資産規模の縮小も実施されていた。

４　着実に進んでいた正常化

足許正常化が最も進展していた二〇一九年夏頃のＦｅｄのＢＳの姿をみると（前掲**図2-9**の右の図）、かつて資産規模膨張のピーク時には発行銀行券の一・五倍近かった預金機関預金の規模が銀行券を下回る規模にまで縮小し、正常化が着実に進展していたことがわかる。

また、Ｆｅｄの実際の財務運営をみても（**図２−11**）、財務省への納付金は、正常化の進展に伴って実際に減少傾向にはあるものの、二〇一三年の試算時に懸念されたような「納付金ゼロ」となる事態はこれまでのところ回避できている。これは、市場の思惑の後手に回って金利が急上昇するような局面にかかることなく、早めに正常化に着手し、進められてきていることが大きい。加えて何よりも、その時々の物価などの実体経済指標の評価ばかりでなく、Ｆｅｄ自らの財務運営の先行きの問題やそれが将来の金融政策運営に与える影響についても、ＦＯＭＣできちんと向き合い議論し、大規模な資産買い入れを必要以上に長引かせることなく、正常化への転換を含め、その時々の金融政策運営の在り方を決定してきたことが奏効していることは間違いなかろう。

日銀の黒田総裁は、二〇一八年一月二三日の金融政策決定会合後の記者会見で、戦後最長の日本の現在の景気拡大局面において一回も利上げができずに終わることを記者から問われ、「物価も二％に達していない状態で金利を上げるということは、どこの国の中央銀行もやらないことであり、…（後略）」と述べた。

図2-11　Ｆｅｄの連邦財務省への納付金の実績推移

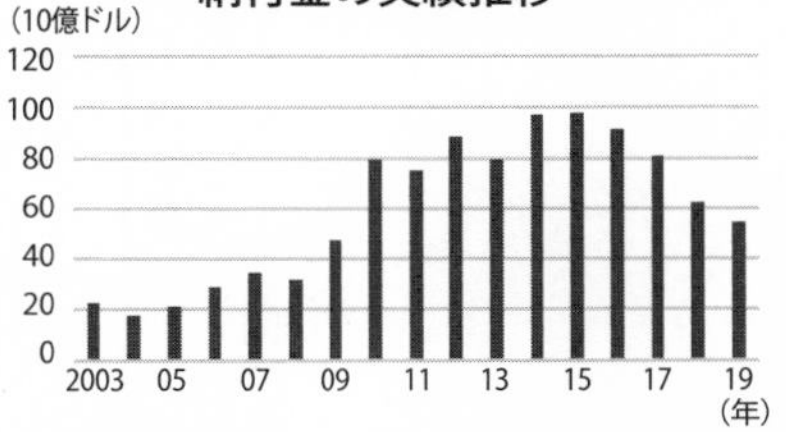

(資料) FRB, The Federal Reserve System Purpose & Functions, 10th Ed. October 2018, p7, Figure1.4、FRB, "Federal Reserve Board announces Reserve Bank income and expense data and transfers to the Treasury for 2019", *Press Release*, January 10, 2020を基に筆者作成

(注) 2015年、18年の資本余剰の移転分は含まない計数。2019年は推計値

しかしながら、Ｆｅｄのこれまでの金融政策運営と米国の実体経済指標の実際の推移は、黒田総裁のこの発言とは異なっている（**図2-3**）。ＦＯＭＣで二〇一二年末以降、先行きの財務運営の問題も含めて真剣に議論した後、二〇一四年一月から、米国の消費者物価前年比が安定的に二％を超えているとはいえず、かつ失業率も七％近い状態で、Ｆｅｄは資産買い入れの減額を開始し、わずか一〇か月後には新規買い入れを停止した。二〇一五年に入った後は、原油安の影響などもあって、世界的にも物価指標の下振れが長引いていた時期であったがＦｅｄは同年末に危機後初の利上げに踏み切り、二〇一六年末からはほぼ三か月に一度のペースで断続的に利上げを継続していった。

Ｆｅｄは足許こそコロナ禍に見舞われてはいるものの、少なくとも二〇二〇年初めまでは大きな混乱や不調なく、首尾よく正常化を進められていた背景には、初期の段階から米国民や市場関係者に対して、不都合な点も含めて丁寧に、そして誠実に説明してきたこと、そして、その時々の物価上昇率等の実体経済指標に過度にとらわれることなく、中央銀行として常に機動的な金融政策運営を行い得る余地を確保し、中長期的な物価安定を実現できるようにすべく、時機を逃さず着々と正常化に向けて手を打っていたことが大きく作用していることは間違いないといえよう。

第3章　イングランド銀行（BOE）の金融政策

1　金融危機と量的緩和

二〇〇八年九月のリーマン・ショックに一年以上先立つ〇七年夏の時点で、欧州では危機のいくつかの萌芽が観察されていた。金融システムの綻びは、〇七年六月の米投資銀行大手ベア・スターンズ傘下のヘッジファンドの経営危機に端を発するものであったが、同年八月にはドイツのIKB産業銀行が経営危機に陥ったほか、フランスの大手金融グループであるBNPパリバが傘下の三ファンドを凍結するに至るなど（いわゆる〝BNPパリバ・ショック〟）、欧州にも危機の波が及んだ。そして翌九月には危機の火の粉は英国にも及び、住宅金融大手の民間銀行であるノーザン・ロックの資金繰りが行き詰まった（いわゆる〝ノーザン・ロック危機〟）。同行はMBS（住宅ローン担保証券）発行で得た資金を元手に住宅金融業務を展開していたが、前月の〝BNPパリバ・ショック〟を受けてMBSの発行が困難となり、流動性危機に陥ったのである。イングランド銀行（BOE：Bank of England）に支援を要請したことが信用不安の引き金となり、同行には預金を引き出そうとする人々が殺到し、取り付け騒ぎが発生した。BOEは同行に急きょ多額の資金を貸し付けて何とかその場を凌《しの》いだものの、同行は翌〇八年二月、一時的に国有化される事態に至った。

その後も、危機の火種は欧米各地のいくつかの金融機関に転々と飛び火する形でくすぶり続け、〇八年九月にはついに、米投資銀行大手であるリーマン・ブラザーズが経営破たんし、世界は金融危機に陥った。英国は紛れもなく、危機の震源地の一つだったのである。

1　金融危機で量的緩和へ

英国の中央銀行であるＢＯＥは、一九九七年に政府からの独立性を獲得した。これはくしくも、日銀法が改正されて日銀が政府から独立性を獲得したのと時を一にしている。ただしその際にＢＯＥが得た独立性の中身は「手段の独立性」に限られていた。米連邦準備制度（Ｆｅｄ）や当時のドイツ連邦銀行（現在の欧州中央銀行の前身の一角）がこれに合わせて得ていた「金融政策運営の目標設定の独立性」までは得られず、目標設定権限は政府が握っているなど、中央銀行と政府との関係は他の主要国に比較すれば相対的に強い。

金融危機に際しても、両者のこうした関係が色濃く反映され、いわば中央銀行と政府との〝二人三脚〟のような形で、危機対応としての金融政策が組み立てられていくこととなった。

二〇〇七年九月の〝ノーザン・ロック危機〟の時点で、ＢＯＥの政策金利であるバンク・レートは五・七五％の高水準にあった。金融システムの不調が次第に深刻化するなかで、ＢＯＥはバンク・レートを断続的に引き下げ、〇八年九月のリーマン・ショック以降は、他の主要中央銀行と同様、金利引き下げのペースを加速した（前掲図1-1）。当時はまだ、中央銀行が短期金利を引き下げられるのは〝ゼロ％近傍〟が限界と一般的に考えられていたなかで、ＢＯＥの場合もバンク・レートは〇八年末の時点で三％と、さらなる引き下げの余地が狭まりつつあることは誰の目にも明白となっていた。

そうした状況にあった〇九年一月、英国において、ＢＯＥは危機対応として異例の金融政策運営に踏み切った。最初のアクションは、まず、政府（財務省）側から起こされた。一月一九日、ダーリング財務相は議会向けの声明のなかで、ＢＯＥが危機対応としての資産買い入れを実施するために、「資産買い入れファシリティ」（ＡＰＦ：Asset Purchase Facility）という新たな基金を設けることを認可したことを明らかにしている。そして、続く一月二九日、同財務相はキングＢＯＥ総裁向けの公開書簡のなかで、ＡＰＦの設立認可に際してのスキームを通知し、対外的に公表した。それによれば、ＡＰＦの当初の目的は、企業が資金調達をしやすくし、危機で傷んだ英国の金融市場の流動性の水準を回復させる点にあった。ＢＯＥはまず、質の高い民間セクターの資産を五〇〇億ポンドを上限に買い入れることになったのである。

2　政府の損失負担を当初から明確化

注目すべきは、中央銀行が危機対応としての資産買い入れに着手しようというこの時点において早くも、英国においては、ＡＰＦが債券を買い入れる基金である以上、危機下の金利の低い（＝債券の価格は高い）状態で買い入れた債券を将来的に景気が回復して金利が上昇（＝債券の価格は下落）した状況下で手放すことになれば、損失が発生するであろうことを当然の前提としていたことである。そして、それを政府が全額負担するという点がこの日の公開書簡のなかで、次のように明確に述べられていた（訳は筆者）。

「政府は、ＢＯＥおよびこの機能を実行するためにＢＯＥが特別に設立した基金に対して、この機能によってもしくはこの機能と関連して生じるいかなる損失についても補償する。」

また、ダーリング財務相はこの公開書簡において、「ＡＰＦは、金融市場が平常の状態を回復すれば、もはや必要はなくなるため清算される」、「以降の予算編成の都度、当該会計年度におけるＡＰＦのオペレーションを認可するか否かは財務省側が改めて確認する」などと述べている。

このように、英国では、危機対応に着手する時点から、中央銀行であるＢＯＥと政府との間で、あらかじめ定められた中央銀行の独立性の範囲に忠実な形で、危機対応の政策運営における役割とその結果将来的に生じるであろうコストや責任の分担の在り方が慎重に検討され、対外的にも明確に説明されたうえで進められていったのである。要するに、資産の買い入れという役割は、金融政策運営の一環としてＡＰＦという別勘定を設けてＢＯＥが実施するが、それに伴う将来的な損失はＡＰＦという別勘定を設けて明確化しつつ、ＢＯＥから切り離して政府が負担することとなった。こうしたあたりは、近年、政府と日銀が事実上一体化するような財政・金融政策運営が行われているにもかかわらず、それに伴う将来的なコストや責任の在り方が、量的・質的金融緩和の着手の時点から今日に至るまで一切、対外的な情報開示や議論の対象となっていない日本の状況とは、きわめて対照的であるといえよう。

3　資産買い入れは残高方式で

将来的な損失を政府側が負担する以上、ＢＯＥがＡＰＦの枠組みのなかで買い入れる債券は財務省が認可するものに限られることになった。当初は危機で打撃を受けた社債等の民間債券のうち、質の面で一定の基準を満たす投資適格級のものが想定されていた。ただし、英国の場合は、これらの民間債券の市場規模は限られるため、その後、ＢＯＥ側の発意で、それを財務省側が認可する形で、買い入れ対象に英国債が加えられ、買い入れの主力となっていった。

危機後の大規模な資産買い入れは、Ｆｅｄや日銀などの他の主要中央銀行でも実施され、資産買い入れの方針は、大半の中央銀行では、月当たり、ないしは年当たりの買い入れ額として示されることが多かったのに対して、[注1] ＢＯＥの場合は、金融政策運営の方針を決定する毎回の金融政策委員会（ＭＰＣ）において、「ＡＰＦの残高がいくらになるまで買い入れを実施するか」という、〝残高の上限〟を示す形で資産買い入れ方針が示されることとなった（**図3-1**）。これは英国の場合、危機直後にＢＯＥが資産買い入れに着手する時点から、いずれは損失が嵩みかねない政策運営であることが明確に認識され、その損失はＢＯＥが買い入れる資産の規模に比例して膨らむことが国全体として理解されていたからこそ採られた方針であったように見受けられる。

ＡＰＦのオペレーションは公開で、かつ透明な形で行われることとされ、四半期報や年報の形で、買い入れ債券等の時価などの情報を含む定期的な情報公開が行われることとなった。

（注１）黒田総裁就任後の日銀の例でみれば、二〇一三年四月には国債等を「年五〇～六〇兆円規模で買い入れる」、二〇一四年一〇月の追加緩和時には同じく「年八〇兆円規模で買い入れる」といった表現で買い入れ方針が示されていた。

４　量的緩和の効果の当初の認識と現実

実は、そうした英国においても、当時、まだ〝未知の領域〟にあった資産買い入れという金融政策運営について、それがどのような経路で、どのような効果や影響を実体経済に及ぼすものなのかについて、十分に検討し尽くされて

図3-1　BOEの資産買い入れファシリティ（APF）の買い入れ上限額等の推移

MPC開催年月	BOE総裁	財務相	中銀マネーによる買い入れ上限額（億ポンド）
2009年2月	キング	ダーリング	
3月			1,500
8月			1,750
11月			2,000
2011年10月		オズボーン	2,750
2012年2月			3,250
7月			3,750
2013年7月	カーニー		
2016年7月		ハモンド	
8月			4,350
2019年7月		ジャビド	
2020年2月		スナク	
3月	ベイリー		
			6,450
6月			7,450

（資料）英財務大臣・ＢＯＥ総裁間のＡＰＦ関連での各年の公開書簡（Exchange of letters between HM Treasury and the Bank of England）等を基に筆者作成

いたわけではなかった。

キングＢＯＥ総裁（当時）は、ＢＯＥがＡＰＦによる資産買い入れに着手する直前の二〇〇九年二月一七日付の公開書簡のなかで、量的緩和の効果の波及経路に関して、「量的緩和開始に伴うマネタリーベースの拡張が、広義マネー(注２)と信用を押し上げ、民間セクターが保有する金融資産の流動性を高めて、名目支出を引き上げる」と述べている。

これに対して、ＢＯＥとほぼ同じ時期に大規模な資産買い入れに踏み出したＦｅｄの効果の波及経路についての理解は、ＢＯＥとは対照的なものであった。Ｆｅｄは大規模な資産買い入れの実施を検討した二〇〇八年末のＦＯＭＣ（連邦公開市場委員会）において、二〇〇一～〇六年に日銀が世界で初めて実施した量的緩和の効果を綿密に検証し、中央銀行が、短期金利をゼロ％近傍まで下げてしまったもとで政策金利の誘導に必要なレベルを大幅に上回る規模でベース・マネーを供給しても、短期金利がプラス圏内にあるときのように、市中に供給されるマネーストックの大幅な増加、言い換えれば民間銀行から企業や家計等への貸出しの大幅な増加につながることはない、という点を明確に認識していたのである（第２章②参照）。

そして実際に、ＢＯＥが英国において英国債等を大規模に買い入れる量的緩和を進めた結果は、このＦＯＭＣの認識とまったく同じものに帰着することになった。キング総裁の当初の説明とは異なる結果がもたらされていることに対して、英国の場合は大手メディアなどの世論から批判されたこともあり、ＢＯＥは量的緩和に着手してから五年後の二〇一四年（ＢＯＥ総裁は前年にカーニー氏に交代）の四半期報における論文公表を通じて、量的緩和の効果の波及経路の説明を、当初のマネーストック、ひいては貸出しが大幅に増加するという説明から、多額の資産買い入れにより金利が低下し、それが個人消費や設備投資を刺激するという説明に変更することを余儀なくされた。

（注2） 民間銀行が市中向けに供給するマネーストック（マネーサプライ）のこと

5 キング総裁下で五回連続否決

ちなみに、APFの買い入れ上限額は、二〇一二年七月に三七五〇億ポンドにまで引き上げられた後、据え置かれ、同年一〇月以降新たな買い入れ余地が乏しくなっていた。当時はキング総裁の在任期間の末期に当たるが、同総裁は二〇一三年二月以降、自らの退任直前の六月までの間の五回の金融政策委員会を通じて、資産買い入れ上限を四〇〇〇億ポンドまで二五〇億ポンド引き上げる提案を執行部側から行いながら外部委員らの十分な賛成は得られず、五回連続で、賛成3（キング総裁、フィッシャー市場担当理事、マイルズ委員）対反対6の多数決で退けられるという結果に陥った。二〇一三年三月のMPC議事録によれば、キング総裁の提案に反対し、資産買い入れ枠の維持を主張した委員からは、「賃金や価格の設定での不都合な結果を伴い、インフレ期待が上振れするリスクがある。一段の金融緩和はそのリスクを高める可能性がある」、「ポンドの不当な下落を招きかねない」と懸念する意見が出されたと報じられている（注3）。

金融政策とは、いかに机上で理論を組み立てても、現実の経済がそのとおりに動くかどうかは、実際に試してみないとわからない、という筋合いのものである。その意味で、理論が現実に通用するかを実験であらかじめ確認できる自然科学とは異なるのだ。現在の日銀も、まさに同様の状況に置かれているともいえよう。ＢＯＥにおけるこうした経験や現在の日銀の政策運営からは、セントラル・バンカーとは、実際の効果や国民生活に及ぼす副作用やコストをあまり鑑みることなく、こうした〝実験〟をしたがる人たちなのかもしれない、という感すら禁じ得ない。しかしながら、当時のＢＯＥと現在の日銀を比較すれば、そうしたセントラル・バンカーたちの意向を、中央銀行の外から任命された審議委員の力で止めることができたかどうかにより、大きく異なる結果がもたらされることになった。主要中央銀行の資産規模（対名目ＧＤＰ比）の推移をみると、ＢＯＥの資産規模は日銀のように徒《いたずら》に拡大することなく、抑制されていることがわかる（**図3-2**）。

図3-2　主要中央銀行の資産規模の推移（名目ＧＤＰ比）

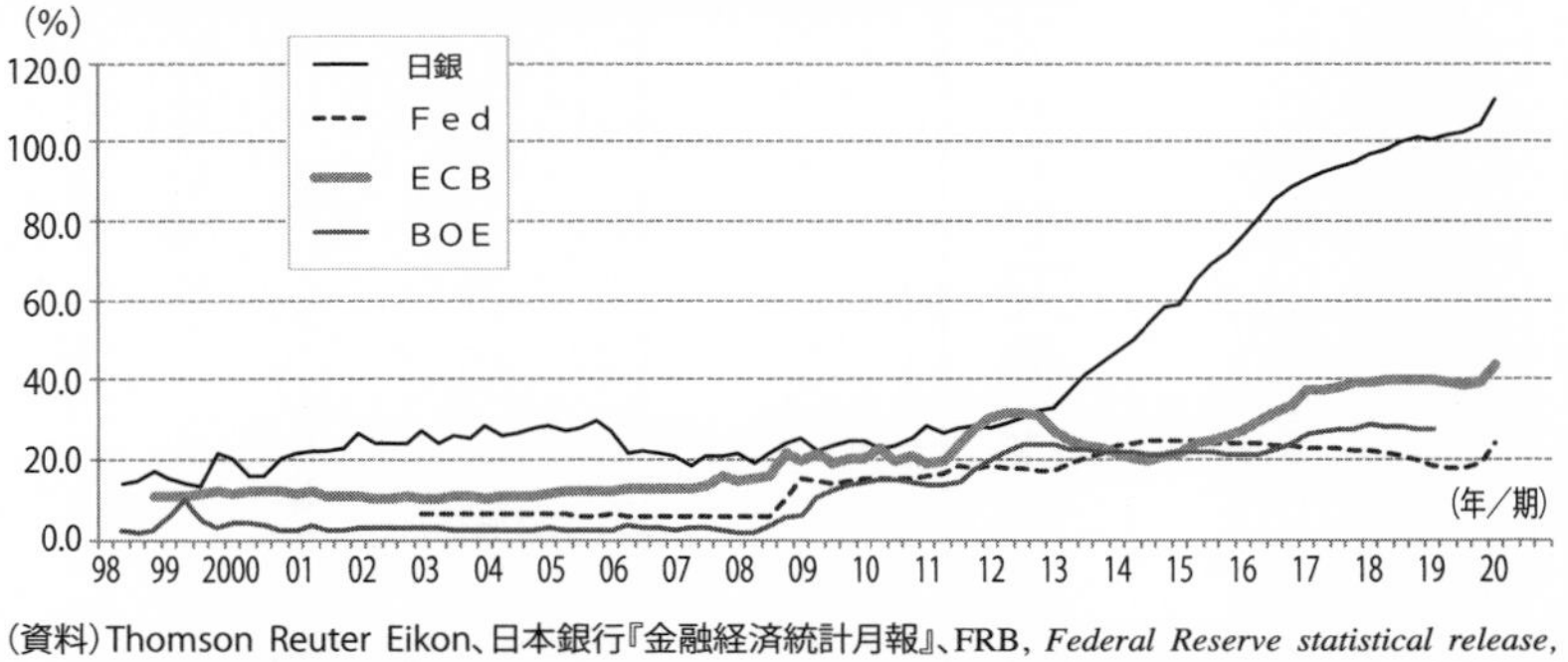

（資料）Thomson Reuter Eikon、日本銀行『金融経済統計月報』、FRB, *Federal Reserve statistical release, H.4.1 Factors Affecting Reserve Balances of Depository institutions and Conditions Statement of Federal Reserve Banks*, ECB, *Statistical Bulletin*, BOE, *Monetary and Financial Statistics*を基に筆者作成
（原資料）日本銀行、内閣府、ＦＲＢ、U.S.ＢＥＡ、ＥＣＢ、Eurostat、ＢＯＥ、ＯＮＳ
（注）BOE Consolidated Balance Sheetのデータは2020年７月現在、2019年３月値までしか公表されていない。

英国の場合、ＢＯＥは金融政策運営の〝手段の独立性〟しか有しないとはいえ、政府との間で良い意味での緊張関係があり、安倍政権の財政運営と日銀の金融政策運営が、明示的な議論がないまま事実上一体化していた日本の状況とは大きく異なっている。ＢＯＥ総裁の任命権を有するオズボーン財務相は、キング総裁を再任することはなく、二〇一三年七月には、前カナダ中央銀行の総裁であったカーニー氏をＢＯＥ総裁に任命した。カーニー総裁のもと、ＡＰＦの資産買い入れ枠は三七五〇億ポンドのまま、英国が国民投票でＥＵからの離脱を選択する二〇一六年夏まで据え置かれることとなったのである。

（注3）二〇一三年三月二〇日付時事通信

２ 量的緩和の財務コストをめぐる政府と中央銀行の対応

ＢＯＥは、多額の国債等を買い入れる量的緩和を開始してから三年半余りが経過し、キング前総裁の任期満了が近づいていた二〇一二年一〇月末、国債等の買い入れを停止した。

それと同じころ、英国では、ＢＯＥが量的緩和を実施するために設けた別勘定の子会社、「資産買い入れファシリティ」（ＡＰＦ）の買い入れ規模が三七五〇億ポンド（当時の為替レート〈一ポンド＝約一三〇円〉で換算すれば四九兆円弱）に膨れ上がっていた。そしてＡＰＦが、保有する英国債の利払いを半年ごとに英財務省から受け取ることによって蓄積してきた収益を、いずれ正常化局面に入れば食いつぶさざるを得なくなることを見越したうえでどうするか、という検討が財務省主導で始まっていたのである。

1　超長期国債中心で正常化のコストは大

ＢＯＥの子会社であるＡＰＦをめぐる資金の流れは、**図3-3**のようなものである。ＡＰＦはまず、ＢＯＥから資金を貸し付けてもらい（ローン）、それを元手に民間部門から英国債を買い入れる。その国債を保有している間は、ＡＰＦは半年ごとに財務省から国債の利払いを受け取る一方となるため、収益が蓄積される。

他方、英国でもいずれはＡＰＦが保有する国債を市場で売却して民間部門に戻し、ＢＯＥの金融政策運営を正常化させることが当然の前提として想定されている。

ただし、英国の場合は、先行きの財政リスクを低減すべく、満期が二〇年を超えるような超長期債を中心とする国債発行政策が採られて久しい。日本を含む他の主要国と比較すれば、英国債の平均満期は相当に長い（**図3-4**）。

図3-3　ＡＰＦをめぐるキャッシュ・フローの流れ

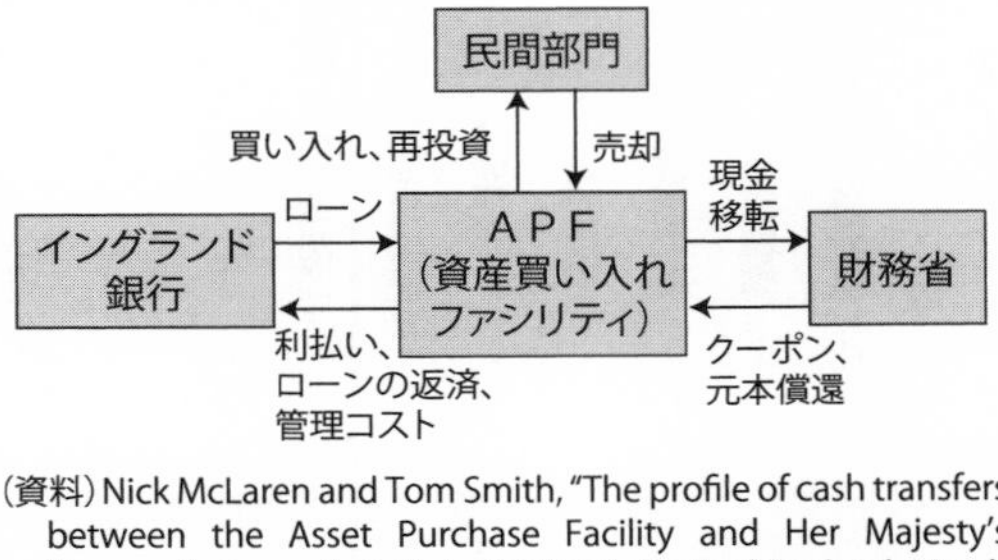

（資料）Nick McLaren and Tom Smith, "The profile of cash transfers between the Asset Purchase Facility and Her Majesty's Treasury", *Quarterly Bulletin*, 2013 Q1, Bank of England, March 14, 2013, p30, Figure 1を基に筆者作成

1でも述べたように、量的緩和を正常化させようとする際、危機下の金利の低い（＝債券の価格は高い）状態で買い入れた債券を将来的に景気が回復して金利が上昇（＝債券の価格は下落）した状況下で売却することによって中央銀行が資産規模を縮小し正常化させようとすれば、多額の売却損を被らざるを得ない。Ｆｅｄの場合であれば、そうした事態を避けるために、買い入れた国債を満期到来前に売却するのではなく、満期が到来するまで持ち続けて手放す（売却損は発生しない）という「満期落ち」の方法で正常化を進めていた。

ところがＢＯＥの場合は、買い入れた英国債が超長期ものばかりであるため、満期落ちを待つと正常化までに二〇年以上を要してしまうことにもなりかねない。そこで最初から、買い入れた国債はいずれ、満期到来を待たず中途売却して正常化することが想定されていた。正常化局面に入れば、それまでとは一転して、ＡＰＦは国債の売却損を埋めるために蓄積した利益を取り崩さざるを得ず、場合によってはそれでは足らず、政府からの損失補てんが必要になるかもしれないことが最初から想定されていたのである。

2　ＡＰＦの収益は国庫に繰り入れ

二〇一〇年の総選挙による政権交代後の二〇一二年一一月、当時のオズボーン財務相（保守党）は、ＢＯＥのキング総裁宛てに

図3-4　主要国の国債の平均満期

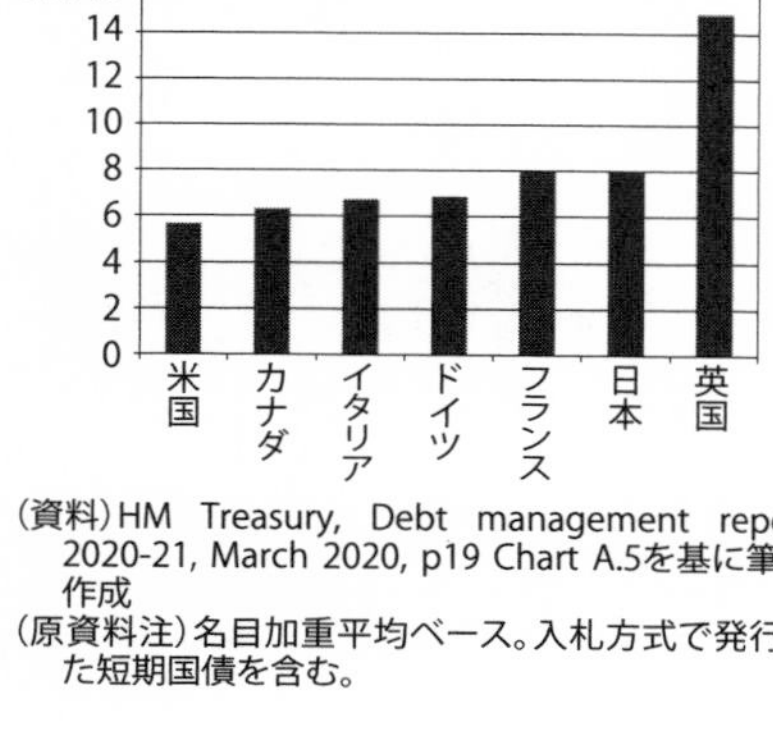

(資料) HM Treasury, Debt management report 2020-21, March 2020, p19 Chart A.5を基に筆者作成
(原資料注) 名目加重平均ベース。入札方式で発行した短期国債を含む。

「ＡＰＦの余剰キャッシュの財務省への移転」に関する公開書簡を発出している。

それによれば、オズボーン財務相は、量的緩和への着手の時点で、前任の労働党のダーリング財務相がＢＯＥとの公開書簡のやりとりを通じて合意した「財務省がＡＰＦから生じるすべての損失を補償し、ゆえにＡＰＦの損益はいかなるものも財務省に帰属する」点を確認したうえで、ＡＰＦの規模が設立時点よりも巨大化し、かつ、存続期間も長期化することが見込まれているため、量的緩和への着手時点では、ＡＰＦの損益は解散時に一括して財務省に移転することが想定されていたところを、以後は四半期ごとに移転することを提案した。

英国でもいずれ正常化局面に入れば、財務省がＡＰＦに対して損失補てんを行わざるを得なくなる（**図３-５**）。ゆえに、同財務相は、「ＡＰＦから国庫に繰り入れられる収益は、他の歳出の財源に充当してしまうことは許されず、ひとえに、国債残高を削減するために用いられなければならない」と公開書簡のなかで明確に述べている。

図3-5　「例示シナリオ」におけるＡＰＦと財務省の損益移転の推移見通し

（2013年３月時点）

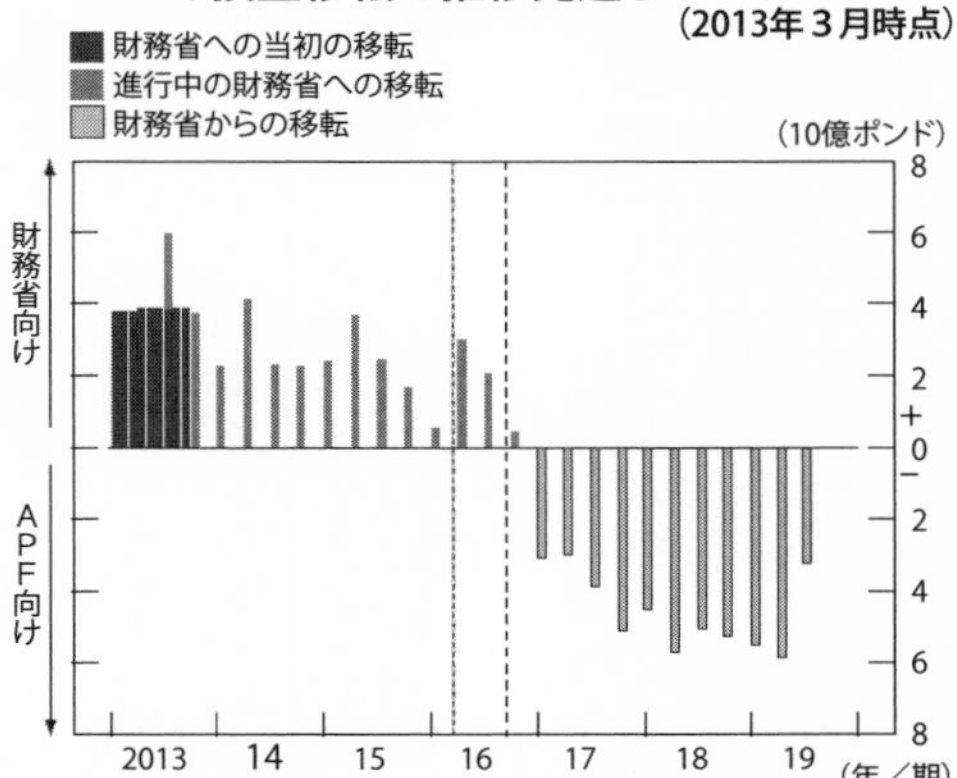

（資料）図３-３資料p32, Chart1を基に筆者作成
（原資料）BloombergおよびＢＯＥ試算
（原資料注）点線は、バンク・レートの引き上げ誘導開始の想定される時期、破線は国債の売却開始が想定される時期をそれぞれ示す。

これは、正常化局面に入った段階で、ＡＰＦへの損失補てんのために、国民に増税の負担を求めることは容易ではないため、正常化前の局面では、ＡＰＦが得た収益を発行済みの英国債の償還に充当して国債残高を削減しておき、いざ正常化局面に入った際には、そのようにして温存しておいた国債の発行余力を活用して国債を増発し、ＡＰＦへの損失補てんの原資を捻出しようと考えられていることを意味する。

3　キング総裁の見方

これに対して、キング総裁も同日付で返信の公開書簡を発出し、ＢＯＥとしてもオズボーン財務相の提案を受け入れた。そのうえで、キング総裁は、「正常化局面において財務省からのＢＯＥないしはＡＰＦに対する損失補てんが必要に応じてタイムリーに行われない限り、中央銀行は債務超過に陥りかねず、適切な金融政策運営の遂行能力に悪影響が及びかねない」との見方を明確に示している。こうした考え方は、他の主要中央銀行や国際金融市場の参加者の認識にも通ずるものでもある。

他方、日本のいわゆる〝リフレ派〟の学者や、日銀の執行部、審議委員の一部が、「中央銀行は民間銀行とは立場が異なるゆえ、先行きどれほどの債務超過に陥ったとしても問題ではない」といった見方を示したことがあるのとは、極めて対照的である。

英財務省とＢＯＥとの間でのこのような合意に基づき、その後二〇一三会計年度から二〇一九会計年度に至るまでの間、実際にＡＰＦから、約九一七億ポンド（一ポンド＝一四〇円として換算すれば一三兆円弱）が国庫に繰り入れられ、英国債の発行残高がその分削減されている。

４　ＷＥＢサイトでコスト試算が可能

二〇一二年一一月のこの合意を受け、ＢＯＥは翌二〇一三年三月に公表した四季報のなかで、ＡＰＦの損益が今後どのように発生していくのか、また、それに伴い政府との間での資金移転がどのように行われることになるのか、という見通しに関する論文（「ＡＰＦと財務省の資金移動のプロファイル」(注4)）を公表した。

ＡＰＦと財務省との資金移転がどうなるかは、実際の金融情勢次第でいかようにも変わり得る。そこでＢＯＥは、この論文のなかで、一定の前提のもとでの試算結果（**図3-5**）を示すだけではなく、同行のＷＥＢサイトに、このＡＰＦと財務省との間の資金移転が今後どうなるのかを、様々な前提条件を置いて、誰でも自由に試算できるExcelファイルのスプレッドシートを掲載した。(注5)

その後もスプレッドシートの試算用のデータ等のアップデートが行われており、最新版（二〇一七年九月版）(注6)では、あらかじめ用意された一四種類の金利シナリオ（短期金利が二％、四％といった、足許の超低金利情勢からすれば、相当に厳しい金利シナリオも含む）のうちからどれかを選ぶ形で、国民が誰でも試算を確認できるものになっている。

この一四本のシナリオのうち、シナリオ１（バンク・レートが二％に到達しないため正常化が遅れるシナリオ）に基づく例で試算結果をみると、ＡＰＦのバランス・シートの今後の推移（シナリオ１のもとでは収束せず）、ＡＰＦと財務省との資金移転がどうなるか、その累計額がどうなるか（シナリオ１のもとではＡＰＦ→財務省への繰入額が、途中から財務省→ＡＰＦへの損失補てんによって徐々に食いつぶされていく）、という形で示されている。

こうした状況からは、ＢＯＥが、すでに足かけ一〇年を超えた長丁場に入っている量的緩和による国の財政運営への将来的な影響に関して、比較的早期の段階から、都合の良いシナリオばかりではなく、都合の悪いシナリオも含めて、最新のデータに基づき国民が誰でも簡単に試算を行って把握することができる態勢を整えてきたことがみてとれる。

こうした透明で誠実な情報開示姿勢は、出口戦略や先行きのコストの試算状況を国会や記者会見などの場で何度問われても、「先行きの金利情勢次第で変わり得る」ことを理由に一切、答えようとしない現在の日銀とは極めて対照的でもある。

ＢＯＥは他の主要中銀に比較すれば早い段階で量的緩和のための国債等の買い入れを基本的に打ち止めとし、その後も、二〇一六年六月のＥＵからの離脱をめぐる国民投票直後に一時的に追加の国債買い入れを行うにとどめた。足許ではコロナ危機の発生を受け、国債等の買い入れを再開しているが、厳格に上限（本稿執筆の二〇二〇年七月時点では七四五〇億ポンドにまで引き上げ）を設定するとともに、去る六月二二日にはベイリー総裁が、外部への寄稿を通じて「この買い入れ水準は常に当然視されるべきではない」、「金融刺激策を撤回する時期が来れば、ある程度の金利引き上げを待たず、まずは資産の水準の調整を検討するほうがよい」、「膨れ上がった中銀のバランス・シートは、将来的な手段の余地を限ってしまう可能性がある」との見解を明らかにしたと報じられている。(注７) 量的緩和による先行きのコストに関するこうした透明な情報開示があるからこそ、ＢＯＥが慎重な金融政策運営スタンスを採り続けていても、国民の側からも、安易に追加緩和を催促する声が強まることもなく、理解が得られているといえよう。

（注４）Nick McLaren and Tom Smith. "The profile of cash transfers between the Asset Purchase Facility and Her Majesty's Treasury", *Quarterly Bulletin*, 2013 Q1, Bank of England, March 14, 2013.

（注５）https://www.bankofengland.co.uk/quarterly-bulletin/2013/q1/the-profile-of-cash-between-the-apf-and-hmt

（注６）Bank of England, The path of cash transfers between the Asset Purchase Facility and Her Majesty's Treasury： scenarios（https：//www.bankofengland.co.uk/-/media/boe/files/quarterly-bulletin/2013/apf-cash-transfers-update-oct-17.xlsx?la=en&hash=F894D666D6619AEDCD2D83912ED7C5B4C1FB6DA）

（注７）二〇二〇年六月二三日付時事通信報道による。

③ブレグジットが物語る自国通貨安の怖さ

英国では二〇一〇年五月、保守党が総選挙で勝利し、自由民主党との連立の形で労働党から政権を奪還した。

保守党のキャメロン首相（当時）はその後の二〇一五年五月の総選挙において、ＥＵ離脱（＝いわゆる"Brexit"〈ブレグジット〉）を決する国民投票の実施を公約に盛り込んで勝利し、以降は保守党の単独政権となった。同国の法制度上、ＥＵ離脱の是非を決するうえで、国民投票の実施は不可欠の手続きでは決してなかったが、英国のＥＵ残留を信念とする同首相は、あえて国民投票を実施してＥＵ離脱を否決に持ち込み、自らの政治的な求心力を高める賭けに打って出たのである。

しかしながら、二〇一六年六月に実施された国民投票で英国民が示した判断は、ＥＵ離脱が五二％の支持を獲得した一方で、残留支持は四八％にとどまる、というものであった。その背景には、長年にわたるＥＵ側の官僚的な政策運営に対する反発や、英国としてのＥＵの分担金の負担の重さ、さらには近年、大陸各国経由で英国にも押し寄せてきていた大量の移民問題があったものとみられる。この結果を受け、キャメロン首相は辞任し、代わって内務大臣であったメイ氏が次の首相に就任した。

しかしながら、メイ首相のもとで行われたＥＵ離脱のＥＵ側との交渉や国内での調整は難航を極め、

ＥＵ側との間でまとめあげた離脱協定案は三たび、議会で否決された。当初、二〇一九年三月末に予定されていた英国のＥＵ離脱期限は同年一〇月末まで延期されたうえ、メイ首相は同年五月に辞意を表明し、その後七月二四日には、ＥＵ強硬離脱派のジョンソン元外相が新首相に就任し、今日に至っている。

1　国民投票後、市場で何が起こったか

英国ではかねてより欧州大陸各国の統合に向けた風潮に懐疑的な論調が根強く、ＥＵへの加盟も大陸側の主要国からは遅れる結果となった。

さはさりながら、今日の英国経済は、ロンドンがニューヨークと並ぶ国際金融センターとして、とりわけ欧州大陸との金融取引の入口として栄えてきたほか、財やサービスといった物流や人的な交流の面でも、欧州の大陸各国との間で深く結ばれた関係にあり、それを土台に国全体として経済活動を活性化させてきている、という事情にある。

その英国において、二〇一六年六月の国民投票で、ＥＵ離脱を

図3-6　ポンドの外国為替レートの推移

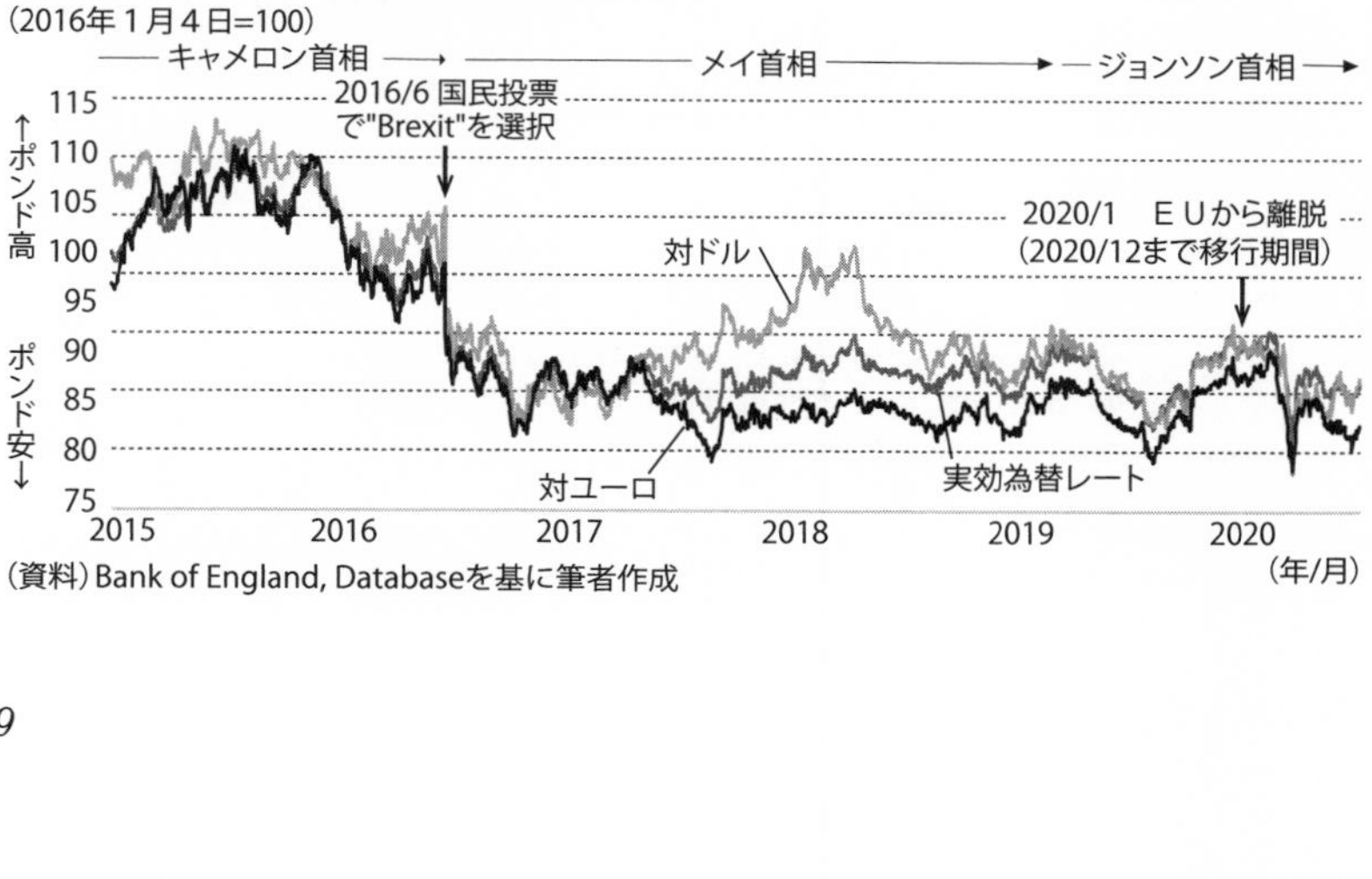

(資料) Bank of England, Databaseを基に筆者作成

支持するという国民の意思が示された。これは、英国経済の将来に重大な打撃を及ぼしかねない事態であり、国際金融市場は直ちに反応して、外国為替市場では英ポンドが売られた。ポンドは二〇一五年末頃のピーク時との比較でみれば一気に一五～二〇％程度減価するという、急激なポンド安が進展したのである（図3-6）。

一国にとって、自国通貨が大幅に減価すれば、それは輸入物価の大幅な上昇につながることを意味する。（注8）実際、この国民投票をはさんだ英国の物価動向を振り返ってみても（図3-7）、二〇一五年や一六年前半までは、日本や欧州大陸各国と同様、デフレが懸念されるような状況であったものが、国民投票後は一変している様子がみてとれる。主に国内要因で決定されるサービス価格の伸びは国民投票をはさんでもほぼ一貫して横ばいである一方で、輸入物価動向に大きく左右される食料品や燃料などの価格

図3-7　英消費者物価上昇率（前年比）の要因分解

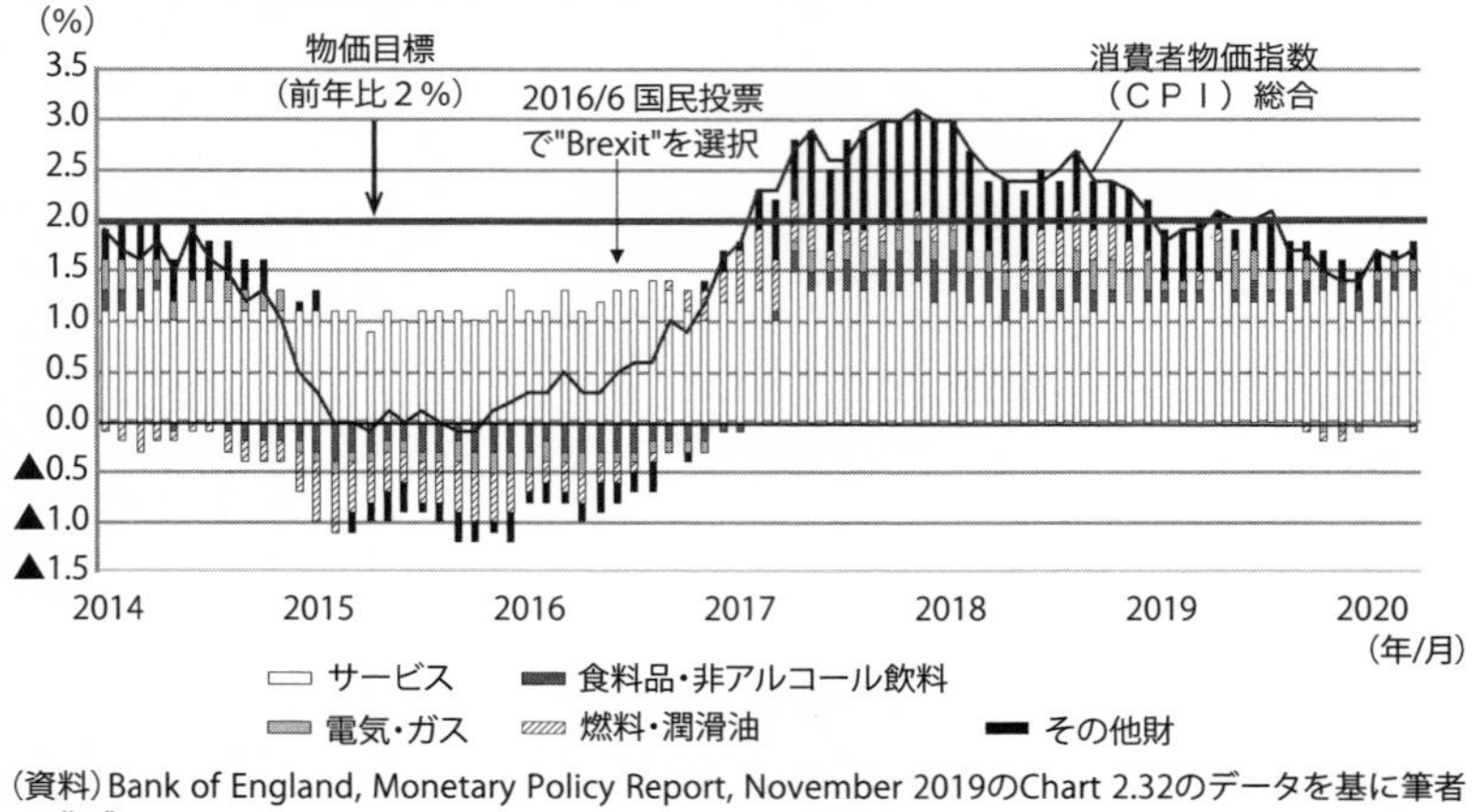

（資料）Bank of England, Monetary Policy Report, November 2019のChart 2.32のデータを基に筆者作成
（原資料）Bloomberg Finance L.P.,Eikon from Refinitiv, ICE/BoAML Global ResearchおよびＢＯＥ試算
（注）2019年10月以降は、2019年10月時点でのＢＯＥスタッフによる予測値

が消費者物価全体を大きく押し上げ、消費者物価全体は二〇一七年から一八年にかけて、英政府がBOEに与えた二％の物価目標を大きく上回る結果となったのである。

（注8）ポンドを円に置き換え、例えば円の価値が、一ドル＝一〇〇円から一ドル＝一二〇円に一気に減価すれば（＝円安が進めば）、米国から同じ価格一ドルの商品を買うのに、かつては一〇〇円でよかったものが、一二〇円必要になることからも、この点は明らかであろう。

2　BOEの金融政策運営

カーニー総裁（当時）が率いるBOEは国民投票実施後の二〇一六年八月の金融政策委員会（MPC）において、ポンドの急激な減価によって消費者物価上昇率が近々、二％の目標を上回る可能性が高い一方、EU離脱となれば英国経済に大きな打撃が及ぶことは避けられず、金融政策運営上のトレード・オフに直面していることを認めた。言い換えれば、今後の物価情勢を考えれば金融引き締めが必要になる一方、実体経済が悪化する可能性が高いことを考えれば金融緩和が必要になる、という深刻なジレンマに直面したのである。そのうえで、MPCとしてこのタイミングでは経済への追加刺激策（＝金融緩和策）のほうを採ることを決定したのである。

具体的には、BOEは①リーマン・ショック以降も一貫して〇・五〇％で維持してきた政策金利であるベース・レートを〇・二五％に引き下げたほか、②二〇一二年一〇月以降、新規の買い入れを停止していた国債について、その買い入れ上限を六〇〇億ポンド引き上げて四三五〇億ポンドとし、国債買い入れを一時的に再開する、といった金融緩和に踏み切った。(注9)

しかしながら、その後の国際金融市場や英国の実体経済の状況をみると、ポンドの実効レート(注10)が二〇一七年末頃にはほぼ下げ止まった(**図3-6**)ことなどから、実体経済への下押し圧力は当初の想定ほど強いものではないことが明らかになってきた。他方、物価動向は国民投票後、急激な上昇に転じたことから、BOEは二〇一七年一一月のMPCにおいて、政策金利であるベース・レートを、国民投票前の水準である〇・五〇%に戻し、その後二〇一八年九月からコロナ危機に見舞われた二〇二〇年三月初めまではさらに〇・七五%にまで引き上げていた。(注11)

(注9) これ以外に、民間銀行による市中への貸出促進策や社債の一時的な買い入れなども実施された。
(注10) 対ドル、対ユーロといった主要通貨に対するポンド相場を、当該二国間での貿易量などに比例する形で加重平均して算出した、ポンドの全体的な為替相場を把握するための指数
(注11) ただし、コロナ危機による実体経済の急激な悪化を鑑み、ベース・レートは二〇二〇年三月一一日にはまず〇・二五%まで、続く同月一九日にはさらに、BOEとしての史上最低水準の〇・一%にまで引き下げられ、今日に至っている。

3 〝量的緩和〟実施後の中銀の課題

国債等の買い入れによる大規模な金融緩和を行った中央銀行は、その後の金融政策運営において相当な困難に直面することになる。これはＢＯＥに限らず、Ｆｅｄや日銀に共通する課題である。中央銀行は国債等を民間銀行から買い入れる見返りとして、すでに巨額のマネタリーベースを民間銀行部門に供給している。民間銀行はそうした余剰資金の大部分を、今はほかに持って行き場がないからと自国の中央銀行に預けているが、それらは、金融情勢の展開によっては、いつ何時、民間銀行によって引き出されるかもしれない、という筋合いのものである。仮にそうした余剰資金が、民間銀行によって徒に引き出されることがあれば、市中向けの与信が加速され、実体経済の過熱やインフレの加速を煽《あお》ってしまうことになりかねない。

そうした事態を決して招かないようにするためにも、主要国では慎重な金融政策運営が行われてきた。例えばＦｅｄの例をみると、二〇一五年末以降の物価上昇を後追いするような形で、徐々に政策金利であるＦＦレートを引き上げてきていたことがわかる（**図3-8**）。

仮に物価上昇率が、ＦＦレートを大きく上回るような事態になってしまった場合のことを、単純化のために、地価を例に考えてみよう。ＦＦレートは、米国の民間銀行がＦｅｄに余剰資金を預ける際にＦ

図3-8　Ｆｅｄの政策金利と米ＣＰＩ前年比の推移

（資料）Thomson Reuter Eikonを基に筆者作成

ｅｄからつけてもらえる金利でもある。仮にこれが二％でしかないときに、米国の地価の上昇率が前年比一〇％を超えるようになってしまったと想定する。民間銀行にはおそらく、不動産業者からの借入れの申し込みが殺到するだろう。地価が年率一〇％で上昇し続けるなかで、仮に三％の金利で民間銀行から借り入れできるのなら、その資金を元手に土地を仕入れておき、一年後に一割増しの価格で売却できれば、不動産業者としては確実に七％相当のサヤが抜け、儲けることができる。民間銀行としても、そうした貸出しの申し込みが次々と寄せられるのであれば、Ｆｅｄの当座預金に二％の金利で預けておいては損で、三％の金利で不動産業者等にもっと貸し出せば儲けられる、となり、Ｆｅｄに預けていた当座預金は次々と引き出され、市中向けの貸出しを加速することになるであろう。量的緩和を実施した中央銀行が、こうした事態を招来してしまっては、先々のインフレを抑制するどころか、逆に〝火に油を注ぐ〟事態ともなりかねない。そうした事態を断固として回避するために、Ｆｅｄの場合は、少なくとも二〇一九年夏までは着々と正常化を進め、ＦＦレートも二・五％まで引き上げていたとみることができよう。

これに対してＢＯＥの金融政策運営をみると（**図3-9**）、ブレグジットによる実体経済への下押し懸念もあって、ＢＯＥは物価上昇率ほどには、政策金利の引き上げを行えていない。その結果は同国のこれ

図3-9　ＢＯＥの政策金利と英ＣＰＩ前年比の推移

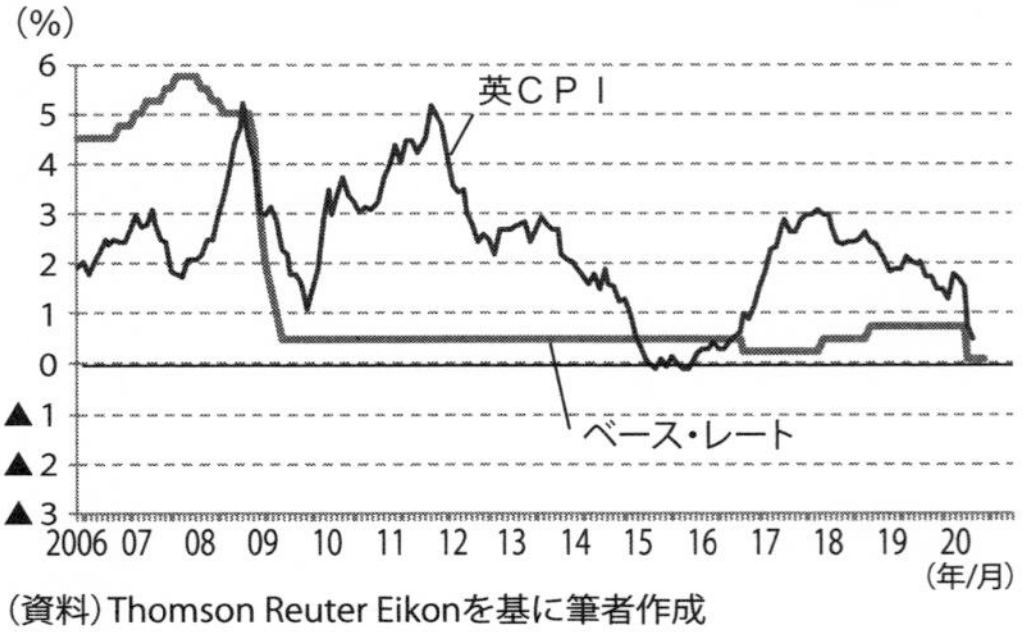

（資料）Thomson Reuter Eikonを基に筆者作成

までの消費者物価動向にも表れている。

前述のとおり、英国ではＥＵ離脱派のジョンソン首相率いる保守党が二〇一九年一二月の総選挙で勝利を収め、二〇二〇年一月末、英国はＥＵとの双方の合意に基づきＥＵを離脱した。その結果、二〇二〇年末までは離脱の移行期間となり、自由貿易協定（ＦＴＡ）を含む英国とＥＵとの将来関係をいかなるものとするかについての交渉が焦点となっている。今後のその展開次第では、ＢＯＥは為替・物価と実体経済との間で、さらなる厳しい〝板挟み〟の立場となりかねない。

ブレグジットをめぐるＢＯＥの現在進行形の経験は、量的緩和を実施済みの中央銀行にとって、自国通貨安が実体経済にもたらす影響の怖さを物語る実例となっているといえよう。

日本としても、目先の円高懸念ばかりではなく、こうした英国の経験も参考に、日銀による大規模な「量的・質的金融緩和」が今後、この国にもたらすであろう真の課題について真剣に考えたうえで、今後の金融政策運営を進めていく必要があろう。

第4章　欧州中央銀行（ＥＣＢ）の金融政策

1 いかにして「物価の安定」を達成するか

欧州中央銀行（ＥＣＢ：European Central Bank）は欧州連合（ＥＵ）のなかの一機関。ＥＵの基本条約である「欧州連合の機能に関する条約」において、ＥＣＢの主たる目標は「物価の安定を維持すること」と明確に定められている。

「物価の安定」はＥＣＢのミッションであるのみならず、ＥＵ全体の目標でもあるが、なぜそれほど重視されているのか。そしてＥＣＢが「物価の安定」を追求できるようにするために、どのような環境が整えられているのか。また、一口に「物価の安定」といっても、一九か国から成る巨大な経済圏であるユーロ圏において、具体的にどのような状態であれば「物価の安定」が達成されているとみなせるのか。さらにＥＣＢは、この「物価の安定」を追求するうえで、日ごろの金融政策運営を、何を目安に、どういう戦略で行っているのか。順にみていこう。

1 「物価の安定」は何のため

単一通貨ユーロの導入前の状況をみると、欧州主要国の間には、とりわけ一九八〇年代まで、対前年でみた物価上昇率にかなりの格差が存在した（**図4-1**）。相対的にみて最も低位で物価上昇率が安定していたのはドイツ（一九九〇年の両独統一までは旧西ドイツ）であったが、フランスやイタリアといった他の欧州主要国でさえ、物価上昇率は旧西ドイツの二～三倍もの高さに達していた。

高インフレの国においては当然ながら長短金利の水準も押し上げられるために経済成長が抑制されるうえ、家計や企業にとっては先行きが見通しにくくなる。また現金を保有する家計にとって、インフレは課税されるのと同様のコストがかかることを意味し、低所得層であるほど、その重い影響が生活に及ぶことになる。そうした経済のもとでは、政府が高所得者から税を徴収し社会保障の形で低所得者に給付することを通じて行われるいわゆる「再配分」の機能も弱くなってしまうことが広く知られている。

このように高いインフレは社会全体の経済活動に大きなマイナ

図4-1　ユーロ導入前の欧州主要国の消費者物価上昇率（前年比）の推移

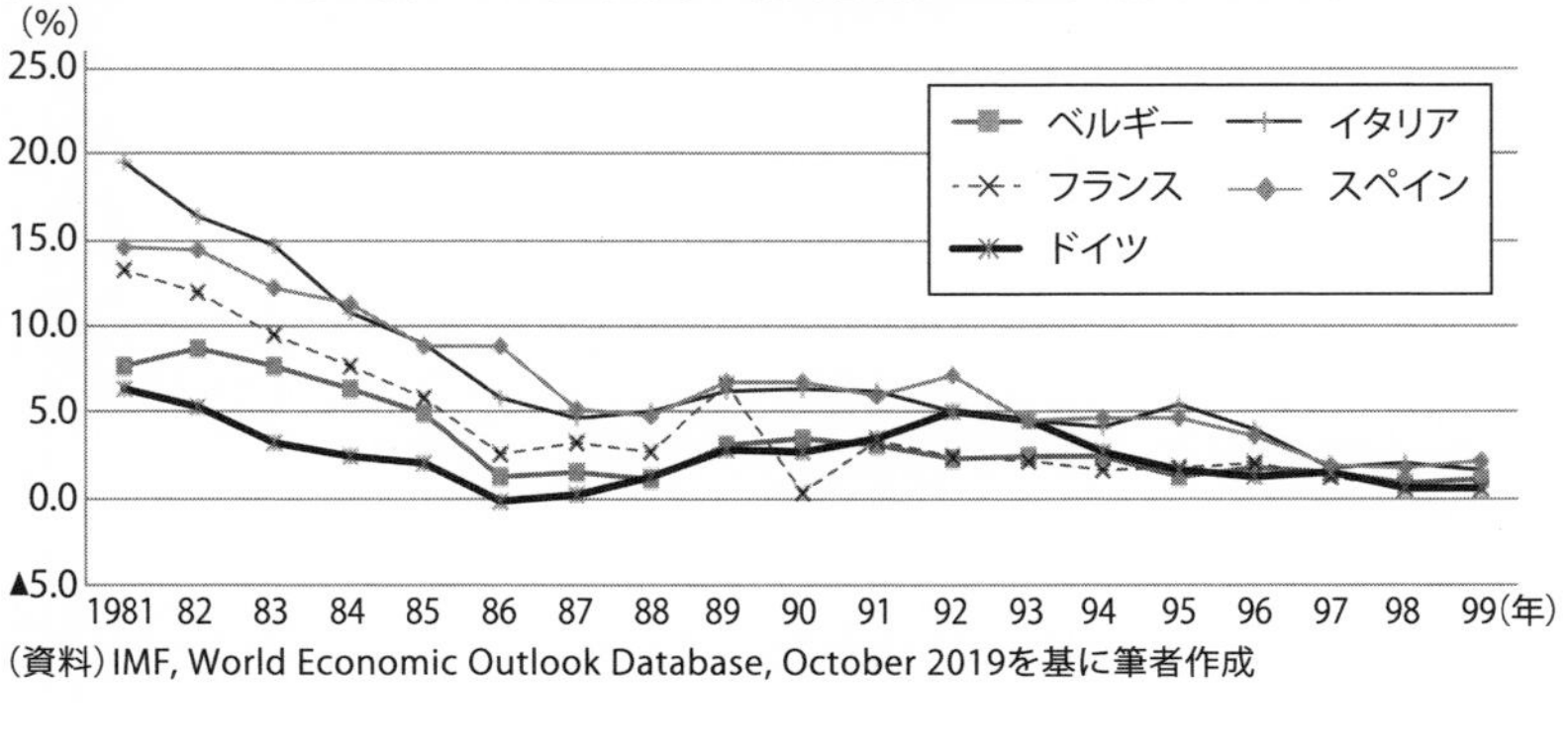

（資料）IMF, World Economic Outlook Database, October 2019を基に筆者作成

ス影響を及ぼし、各国間の経済力の格差につながることが、当時の欧州各国の間で実感をもって受け止められていた。かたや旧西ドイツは、物価の低位安定を礎に、もちろん要因はそれのみでは決してないが、戦後の高度成長を達成し、欧州経済のいわば〝機関車〟としての地位をものにしつつあった。ゆえに、「物価の安定」は「高い水準の雇用」、「持続可能でインフレ的ではない成長」、「高い度合いの競争力」とともにＥＵ全体の目標として掲げられ、後三者が共同体（欧州委員会といういわばＥＵの政府側）の任務とされた一方で、「物価の安定」はＥＣＢのミッションとして位置づけられることとなった。

２「政府からの独立性」の意味

ただし中央銀行は、そのミッションとして「物価の安定」を与えればよい、というものでもない。ＥＵにおいては、ＥＣＢが「物価の安定」の達成に専念できる環境を整えることがまず必要と考えられ、その制度的な手当てがなされた。具体的には、①ＥＣＢの政府からの独立性を確保することと、②各国政府の側で、健全な財政運営を確実に行うこと、の二点である。

歴史を振り返れば、中央銀行に独立性が与えられるようになったのは、実はここ二〇年ほどのことに過ぎない。[注1] そこで、ユーロ導入前のＥＵ主要国における中央銀行の独立性の状況を振り返ってみよう（**図４-２**）。金融政策運営の事実上の決定権限に関する「機能上の独立性」の面では、ドイツを除くほとんどの国において、当時は政府の側が事実上の決定権限を握っていたことがわかる。加えて「財政上の独立性」をみても、多くの国で、一定の上限を付しつつも、中央銀行による国債の直接的・間接的な引き受けが可能とされ、中央銀行による財政ファイナンスが政府の不健全な財政運営を助長しかねない構図となっていた。さらに「人事の独立性」をみても、少なからぬ国々で政府の意に沿わない政策運営を行った中央銀行総裁は罷免され得る枠組みとなっていた。

ドイツを除く各国においては、このように様々な面で中央銀行の独立性が欠如していた。そのため、ともすれば金融緩和を求める政府側の要求に屈しがちとなり、当該国の経済・金融情勢に応じた、真の意味で必要であったはずの機動的な金融政策運営を行い得なくなることが多かった。それらの中央銀行は、結果的に高インフレの進行を抑え切れず、**図4-1**に示したような物価上昇率の格差拡大につながる一因となったと認識されるよ

人事の独立性	中央銀行総裁		
	任期	任命者	罷免可能か誰によるか
保証（政府との権限の分離のため）	5年再任可	政府の推薦に基づき、国王	政府と意見が相違する場合は、政府による罷免可能。ただし後任は監理会が推薦
	7年再任可	理事会の推薦リストに基づき、国王が任命。閣僚会議で協議	
独立性なし	無期限	政府	いつでも、政府の要望に基づいて、大統領が罷免し得る
独立性なし	無期限	大統領の同意を得て、首相の推薦に基づいて理事会が任命	理事会による罷免あり
独立性なし	4年再任可	首相の推薦に基づいて国王が任命	犯罪行為を行った場合を除いては不可
	2年以上最長8年 再任可	連邦政府の推薦に基づき、中央銀行理事会に意見を聴いたうえで大統領	人格上の理由、本人の自発的意思による場合、中央銀行理事会のイニシアティブによる場合にのみ可能
独立性なし	4年再任可	内閣の推薦に基づき、国王が任命。副総裁は内閣のみによる	あり

MonetarySystem (Strategies and Options for the Future George Allen and Unwin Ltd, 1963、葛見雅之・石川紀

うになった。

ゆえに、ＥＣＢの発足に際しては、欧州連合の機能に関する条約第一三〇条において、欧州中央銀行の独立性について、次のように明確に定められることとなった（訳は筆者）。

図4-2　ユーロ導入前におけるEU主要国の中央銀行の独立性の状況

中央銀行名	機能上の独立性	金融政策手段の発動に関する決定の自由			財政上の独立性	予算の	
		再割引政策（公定歩合）	公開市場政策	最低準備（準備率）		直接的ファイナンス	間接的ファイナンス
ベルギー国立銀行	権限の分離の結果として、政府との協力要件の枠組みのなかでのみ確保	中央銀行	国債基金（Fonds des Rents）経由による政府	通常は中央銀行。3%の変更には政府の認可要	（財政上の相互依存は、広い枠組みのなかでの直接・間接の国家への貸出を制限することによって規制）	可。ただし、上限あり	国債基金経由で可。ただし、上限あり
オランダ銀行	顕著な機能上の独立性はあるが、金融政策上の行動の自由は制限	財務大臣が、中央銀行理事会と協働しつつ、一般的なガイドラインを発出				可。ただし、上限あり	
フランス銀行	独立性なし	通常政府（中央銀行は諮問されるのみ）			独立性なし	可。上限は毎年、議会の承認を得て、中央銀行と大蔵省との間で決定	中央銀行の裁量により、多少のTBを保有
		中央銀行理事会	中央銀行	国家信用理事会を通じて政府			
イタリア銀行	独立性なし	貯蓄・信用閣僚審議会が中央銀行へガイドラインを提示。政策手段については、中央銀行が選択			独立性なし	予算の14%まで中央銀行の裁量貸出可。超過令についても可	中央銀行の裁量
イングランド銀行	独立性なし	政府は必ず、中央銀行の政策を承認			独立性なし	長期の貸出可。ただし恒常的ファイナンスは不可	国債購入による財政赤字の穴埋めは中央銀行の義務
ドイツ連邦銀行	ドイツ連邦銀行法により与えられた権限の行使に際し、連邦政府の指示を受けず（＝政府からは独立）。ただし、政府と相互に情報を提供し、協議する義務を負う。	中央銀行 連邦政府に２週間の延期要請権限 （逆にドイツ連銀は、連邦政府の財政計画委員会と公共部門景気委員会に出席可能。議決権はなし）				上限までの短期信用（advances）の供与可。予算の執行に際して生じる短期的な資金不足のつなぎとしてのみ利用可能	原則不可
スペイン中央銀行	独立性なし	ガイドラインを大蔵省が作成し、これに中央銀行が協調する。					

（資料）Rolf H. Hasse, *The European Central Bank : Perspectives for a Further Development of the European* of Europe Basic Findings 2), Bertelsmann Foundation, 1990、BIS, *Eight European Central Banks*,（共訳）『ドイツ連邦銀行-金融政策上の課題と政策手段-』学陽書房、1992年を参考に筆者作成

「条約および欧州中央銀行制度、欧州中央銀行規程によって付与された権限を行使し、任務や義務を実行するのに際しては、欧州中央銀行も、各国中央銀行も、また意思決定主体のいかなるメンバーも、連合の機関、主体、局ないし庁、および加盟各国政府やその他のいかなる主体からも、指示を仰いだり受けたりすることは決してしないこととする。連合の機関、主体、局ないし庁、および加盟各国政府は、この基本原則を尊重し、欧州中央銀行および各国中央銀行の意思決定主体のメンバーに対して、その任務をいかに果たすのかに関して影響を及ぼすことを求めないこととする。」

ただし、ＥＣＢは高い独立性を与えられるのと同時に、政策運営等に関する説明責任を負うこととなった。ＥＵの機関である欧州議会や欧州委員会、経済・財務理事会（Ecofin Council）などと必要な対話を行い、協調することが求められている。

また、「人事の独立性」をより強固なものとするために、総裁、副総裁をはじめとする役員の任期は、相対的に長く設定されることとなった。ユーロシステムにおける理事会のメンバーは任期八年で再任は不可、各国中央銀行総裁は最低五年の任期で再任可能とされている。そして、これらのメンバーは、過去の政策運営のパフォーマンスを理由に裁量的に解任されることはない。メンバーが任期途中で退任することがあり得るのは、任務を果たすための条件を満たし得なくなった場合、裁判で有罪となった場合、ないし、深刻な不品行があった場合に限られる。

（注１）例外的にそれ以前から政府からの独立性を有していた中央銀行は、主要国のなかでも米連邦準備制度（Ｆｅｄ）やドイツ連邦銀行等に限られる。

３　財政ファイナンスの禁止

ＥＵ全体として「物価の安定」を図るという目標は、中央銀行による金融政策運営のみでは達成できるものでは決してなく、各国が健全な財政運営を行うことが欠かせない。歴史的にみても、各国が、とりわけ戦時中に、国債を中央銀行に引き受けさせて戦費を安易に調達し、結果的にハイパーインフレや高インフレを招来した事例は数多く存在する（**図４-３**）。

ＥＣＢとしてもいわゆる「財政ファイナンス」（政府からの国債

図4-3　ハイパーインフレや高インフレが発生した国の財政や中央銀行の状況

国名	発生年	インフレ率	財政（国内債務／ＧＤＰ比率）	中央銀行（マネタリーベース／ＧＤＰ比率）
【ハイパーインフレ】				
アルゼンチン	1989	3,079.5	25.6	16.4
ブラジル	1987	228.3	164.9	9.8
	1990	2,947.7	155.1	7.1
ドイツ	1920	66.5	52.6	19.4
	1923	22,220,194,522.37	0.0	0.0
【高インフレ】				
ギリシャ	1922	54.2	53.0	34.3
	1923	72.6	41.3	32.7
イタリア	1917	43.8	79.1	24.1
	1920	56.2	78.6	23.5
日本	1944	26.6	236.7	27.8
	1945	568.1	266.5	74.4
ノルウェー	1918	32.5	79.3	86.4
	1920	18.1	106.9	65.6
フィリピン	1981	13.1	10.4	6.6
	1984	46.2	11.0	13.9
トルコ	1990	60.3	14.7	7.4
	1994	106.3	20.2	7.1

（資料）Reinhart & Rogoff, *This Time is Different Eight Centuries of Financial Folly*, Princeton University Press, 2009を基に筆者作成

の直接的な引き受け）は決して行わないことや、各国政府の側でも過剰な財政赤字を発生させないこと、EUが定めた財政運営ルールである「安定・成長協定」に従うことが、EUの基本条約において、明確に定められている。

4　物価安定の定義づけ

では、ECBが目標とする「物価の安定」はいかなる状態をもって達成したとみなせるのか。

政府から独立した中央銀行といってもその内実には実は幅があり、第3章でとりあげたイングランド銀行（BOE）のように、金融政策運営の目標の設定権限は政府が保有し、中央銀行側は金融政策運営上の「手段の独立性」しか有しないケースもある。他方、ECBの場合は、EUの基本条約によって、「手段の独立性」のみならず「目標設定の独立性」を与えられた、極めて独立性の強い中央銀行となっている。

一九九九年のユーロ導入に先立つ九八年、ECBの政策委員会は慎重な検討を重ねたうえ、「物価安定とは、ユーロ圏の統一消費者物価指数の前年比上昇率が二％未満にとどまること。そして、そのような物価の安定が、中期的に維持されることである」という量的な定義を示した。ここで考慮されているのは、前年比二％を超えるようなインフレーションは許容できない、という点のみならず、デフレーション（＝幅広い物価指数が自律的に低下していくこと）もまた、物価安定と相容《い》れるものではないゆえに、デフレのリスクを回避するうえで、十分なマージンを確保する、という点も含まれている。

加えてユーロ圏の場合、物価上昇率にも国ごとに差がある（図４-４）。これは、一般的に考えればユーロ圏に加わった国ごとの経済の発展段階に差があり、総じて経済が成熟化した国のインフレ率は相対的に低位となりがちであるのに対して、経済が「キャッチ・アップ」の過程にある後発国のインフレ率は、ユーロ圏の平均値よりは高くなることが多いことによる。(注２) ＥＣＢとしては、こうした実情を踏まえつつ、ユーロ圏全体としての物価上昇率の目標を「前年比二％未満だが二％近い水準に維持する」ことを通じて、国ごとの物価上昇率の格差を一定程度までは容認し、構造的にユーロ圏の平均値よりも低い物価上昇率となってしまう国においても、デフレのリスクを回避するうえでの十分なマージンを確保できるようにしている。

（注２）実際には、これ以外にも様々な要因で、各国間のインフレ率に格差が生じることがあり得る。足許であれば、債務危機の後遺症の度合いが各国の物価情勢にもか

図4-4　2020年５月時点のユーロ圏およびEU加盟国の消費者物価前年比の状況

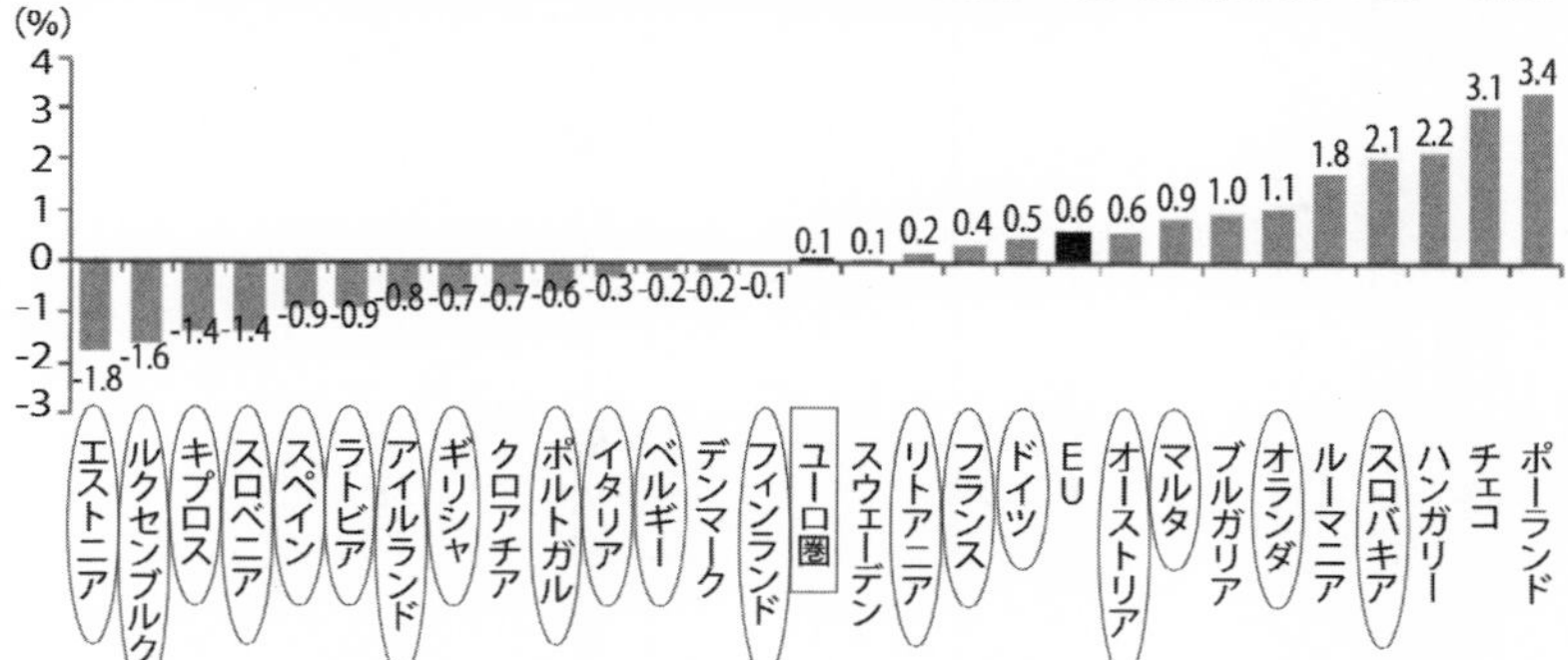

（資料）Eurostat, “May 2020 Annual Inflation down to 0.1% in the euro area Down to 0.6% in the EU”, newsrelease, June 17 2020を基に筆者作成
（注）○印はユーロ圏加盟国、□はユーロ圏平均

なりの影響を及ぼしているように見受けられる（③で後述）。

5　インフレーション・ターゲティングは採用せず

ＥＣＢによるこうした「物価安定」の定義には、ある一定の時点で特定の物価上昇率を達成する、といった杓子《しゃくし》定規な考え方は一切示されておらず、あくまで「二％未満」という状態が中期的に維持されることに重きが置かれている点に注意する必要がある。

ＥＣＢはこうした「物価安定」という目標の定義づけを検討するのと合わせて、実際の金融政策運営を何を目安に行うのか、という金融政策運営の戦略の検討も行っている。その際に検討対象とされた選択肢には、①マネタリー・ターゲティングや、②直接的なインフレーション・ターゲティング、③為替レート・ターゲティングがあった。

①のマネタリー・ターゲティングは中央銀行によるマネーの供給量（マネタリーベース）を直接的な目安にするもので、黒田総裁率いる日銀が二〇一三年や一四年時点で掲げていたマネタリーベースの年五〇兆円増、八〇兆円増といった政策目標もこれに該当する。しかしＥＣＢは、物価安定の目標を達成するうえで必要な情報は、マネーの分析のみからでは得られない、としてこの戦略を退けた。

②の直接的なインフレーション・ターゲティングは二〇一三年時点の黒田日銀がまさに「二年で二％」と掲げたように、特定の目標時点と、特定の物価上昇率の水準を区切って、その達成を目指すものである。しかしＥＣＢは、ⓐ金融政策運営上の適切な対応とは、一般的に、物価安定に対するリスクの

源がどこにあるかによって決まる、ⓑ少なくとも、インフレーションの見通しそのものによって捉えられるよりもより深い、背後にある経済情勢や行動の分析が必要になる、ⓒまた、他国でしばしば設定される、目標達成までの「二年」といった期間設定が適切かどうかはわからない、といった理由でこの戦略も退けた。

③為替レート・ターゲティングは、ユーロ導入前の一部のＥＵ加盟国が採用していた戦略である。しかしＥＣＢは、為替レートの推移が輸入物価への影響を通じて、国の物価水準全体に相当なインパクトを及ぼし得るそうした「開放経済下の小国」においては妥当な戦略であるとしても、ユーロ圏のように巨大な経済圏にとっては、ユーロの対外的な為替レートが圏内の物価全体に及ぼす影響は限定的であるとして退けた。

そしてＥＣＢとしては、これら①～③のいずれにもあてはまらない、その時々の経済情勢と金融情勢の両方を丹念に分析して、中期的な「物価安定」の目標達成に向けての金融政策運営を行うという「安定志向の二本柱アプローチ」という戦略を採用し、今日に至っている。

さはさりながら、黒田日銀が二〇一三年に掲げて、一時は日本中がもてはやした「マネタリーベース・ターゲティング」や「直接的なインフレーション・ターゲティング」が、先進国の中央銀行の金融政策運営の選択肢としては、一九九八年の時点でＥＣＢによって明確に否定されていたことに留意すべきである。黒田日銀によるそうした金融政策運営は、当初こそ、劇的な円安進行や物価の押し上げがみられたものの、その後はいくら長期化させても物価目標の達成に一向に効かないばかりか、中央銀行である日銀の財務運営に深刻な負担が蓄積されることを通じて、中長期的な物価安定の基盤は脅かされるばかりという展開に至っている。(注3)

(注3) この点は、第5章で詳述する。

6 低迷する足許の物価

ユーロ導入後のユーロ圏の実際の物価動向をみると(図4-5)、ECB発足当初の二〇〇〇年代前半はおおむね、前年比二%程度で安定的に推移したものの、その後二〇〇八年にリーマン・ショック、翌二〇〇九年秋口からは欧州債務危機と立て続けに厳しい経済ショックに見舞われ、ECBも他の主要中央銀行と同様、過去に前例のない厳しい金融政策運営を迫られた。その間、圏内の物価情勢も大きな影響を受けることを余儀なくされた。

足許ではユーロ圏の物価上昇率は再び低迷している。その傾向は欧州債務危機の際に深刻な財政危機に陥ったキプロス、ポルトガル、ギリシャ、スペイン、イタリアといった南欧の重債

図4-5 ユーロ導入後のユーロ圏の消費者物価(総合、前年比)と失業率の推移

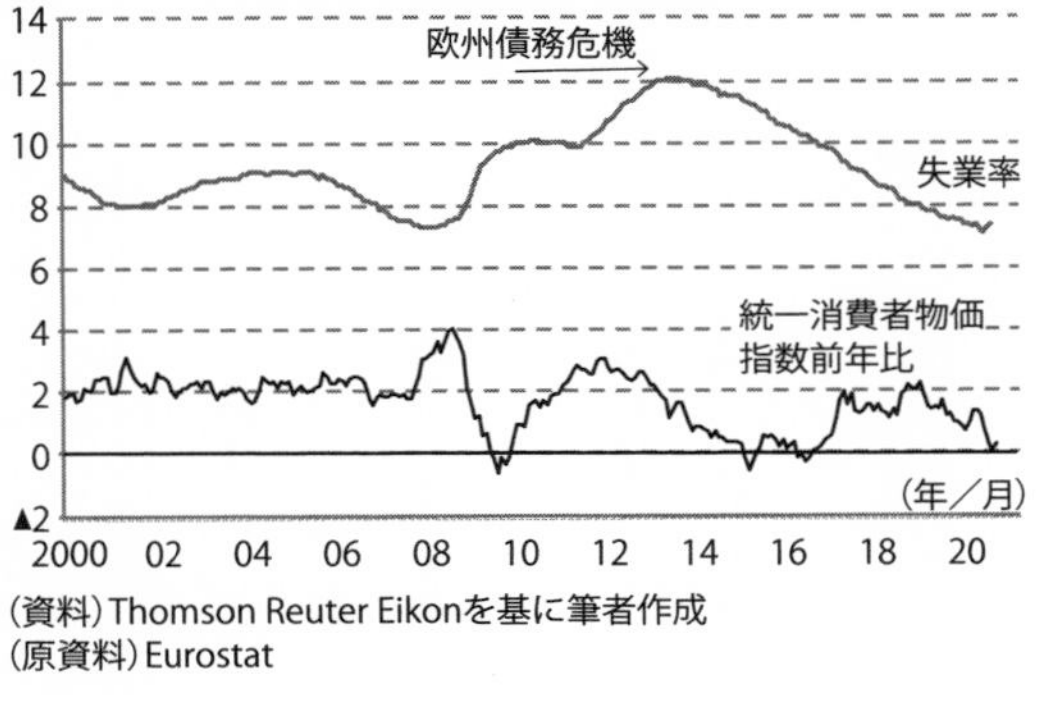

(資料) Thomson Reuter Eikonを基に筆者作成
(原資料) Eurostat

務国で軒並み顕著となっている（図4-4）。

２ 欧州債務危機――財政破綻の瀬戸際での金融政策運営

二〇〇八年九月のリーマン・ショックを引き金とする世界的な金融危機以降、ＥＣＢに限らず、先進各国の中央銀行は、金融政策運営の大きな転換を迫られることになった。

欧州の場合は、それに追い打ちをかける形で、翌二〇〇九年秋以降、欧州債務危機が発生した。一部の加盟国の国債が市場で集中的な売りに晒《さら》され、そうした国は国債発行による市場からの資金調達が難しくなり、財政運営を安定的に継続することができなくなってしまった。

民間銀行は、欧州に限ったことではないが、自国ないしは諸外国の国債を一定程度保有しているのが通常である。ゆえに、国債の価格が大きく下落すれば、民間銀行の経営を大きく揺るがす事態となる。

欧州では、金融危機前から、民間銀行が自国のみならずユーロ圏加盟他国の国債を相当な規模で保有していた。例えば、ドイツの一部の銀行が、財政が健全なドイツ国債では利回りが低く投資妙味に欠けるため、財政事情が相対的に悪いギリシャの国債を、高い利回りにつられて多く保有する、といった構造が常態化していた。欧州債務危機が結果的には四年余りにわたって長期化するなかで、国家の債務危機が銀行危機を誘発しかねない状況に至った。

さらに、本来は国債の安定的な引受先であるはずの民間銀行の経営が悪化することで、それが回り回って国家の債務危機をさらに深刻化させるという、いわば「負の相乗効果」のような状態に陥ったのである。市場の緊張の度合いは、ドラギ前総裁がＥＣＢ総裁として着任した二〇一一年一一月前後～二〇一二年にかけて、最も高まることになった。

このように、ＥＣＢは金融危機以降、先進国の主要中央銀行のなかでも最も厳しい状況下での金融政策運営を迫られた中央銀行であるといっても過言ではない。各国政府から独立した立場を守りつつ、ＥＣＢはどのような金融政策運営を行って、欧州債務危機を切り抜けていったのか。

1　ギリシャの財政粉飾が発端

リーマン・ショックから一年余りが経過し、金融危機がようやく沈静化に向かい始めていた二〇〇九年一一月、前月の総選挙で政権交代となり発足したギリシャのパパンドレウ新政権は、同年財政収支の名目ＧＤＰ比が▲一二・五％に達したと公表した。これは前政権時に公表されていた▲三・七％を突然、大幅に下方改訂するもので、それを機に同国の指標への信頼性は完全に揺らいだ。これが欧州債務危機の発端である。

その後二〇一〇年二月には欧米の複数の大手紙が、ギリシャが他国に二年遅れて二〇〇一年にユーロ圏入りを果たした際の財政指標粉飾疑惑を報じた。ユーロ圏への加盟が認められるためには、財政や物価などの厳しい条件をクリアする必要があったが、かねてより財政事情の悪かったギリシャは、複雑なデリバティブ（金融派生商品）を用いて国債残高が減少したようにみせかけるなどして財政指標を粉飾し、ユーロ圏加盟のための条件をクリアしていた、というのである。国内外からの財政運営の信認を完全に失ったギリシャは、その後たちまち、市場で国債を発行しようとしても引き受け手が見当たらない状況に陥り、財政運営に窮することになった。そしてわずか二か月後の同年四月にはＥＵとＩＭＦ（国際通貨基金）に支援を仰ぐことになってしまった。

それればかりではない。債務危機は、様々な弱点を抱えたユーロ圏の他国にも飛び火し、アイルランド、ポルトガル、キプロスといった国々がＥＵなどに対して次々と支援要請をせざるを得ない事態に追い込まれた。時系列でみると、①二〇一〇年一一月にはアイルランドが、リーマン・ショックによる不動産バブルの崩壊で銀行危機に至り、問題銀行への資本注入のためのコストが嵩んで財政収支が短期間に大きく悪化したために、②翌二〇一一年四月にはポルトガルが、元来経済基盤が弱かったところに金融危機やギリシャ危機の影響で経済情勢が一段と悪化したために、③同年六月には再度ギリシャが、④二〇一三年三月にはキプロスが、同国の民間銀行が隣国ギリシャの国債を多く保有していたところにギリシャが財政危機に陥ったため苦境に陥り、それを財政運営上支え切れなくなったために、いずれの国も支援要請を行い、実際にユーロ圏やＥＵ、ＩＭＦなどから支援を受ける事態となった。（注４）

（注４）このほか、二〇一二年三月にスペインが、銀行部門の立て直しのために、ユーロ圏から支援を受けている。

２　国債買い入れをめぐる亀裂

そして同じ頃、欧州の国債流通市場では、ギリシャ国債に限らず、それ以外の国々の国債も含めて取引が極端に細り、いわば「機能不全」状態に追い込まれていた。危機の火の粉はかねてから財政事情の悪かったイタリアなどにも及び、いつ財政破綻するかわからない国々の国債を誰も抱えたくはないゆえ、買い手がつかなくなってしまったのである。

ＥＣＢは、これでは金融政策の効果が市場を通じてうまく伝わらないとの判断のもと、二〇一〇年五月から、金融政策運営の一環として、「証券市場プログラム（ＳＭＰ）」による債券の買い入れを開始した。当時、どの債券を買うのかをＥＣＢは明示することを避けたが、その真意は債務危機で市場から狙い撃ちされていた国々の国債買い入れにあった。このＳＭＰはその後、二〇一一年三月に一時停止されるまで続けられたが、各国債金利の上昇を抑制するうえで、一定の効果があった（**図４-６**）。

もっとも、こうした政策運営は、いかに危機対応策の一環と

図4-6　2010〜11年の欧州各国の10年国債金利の推移

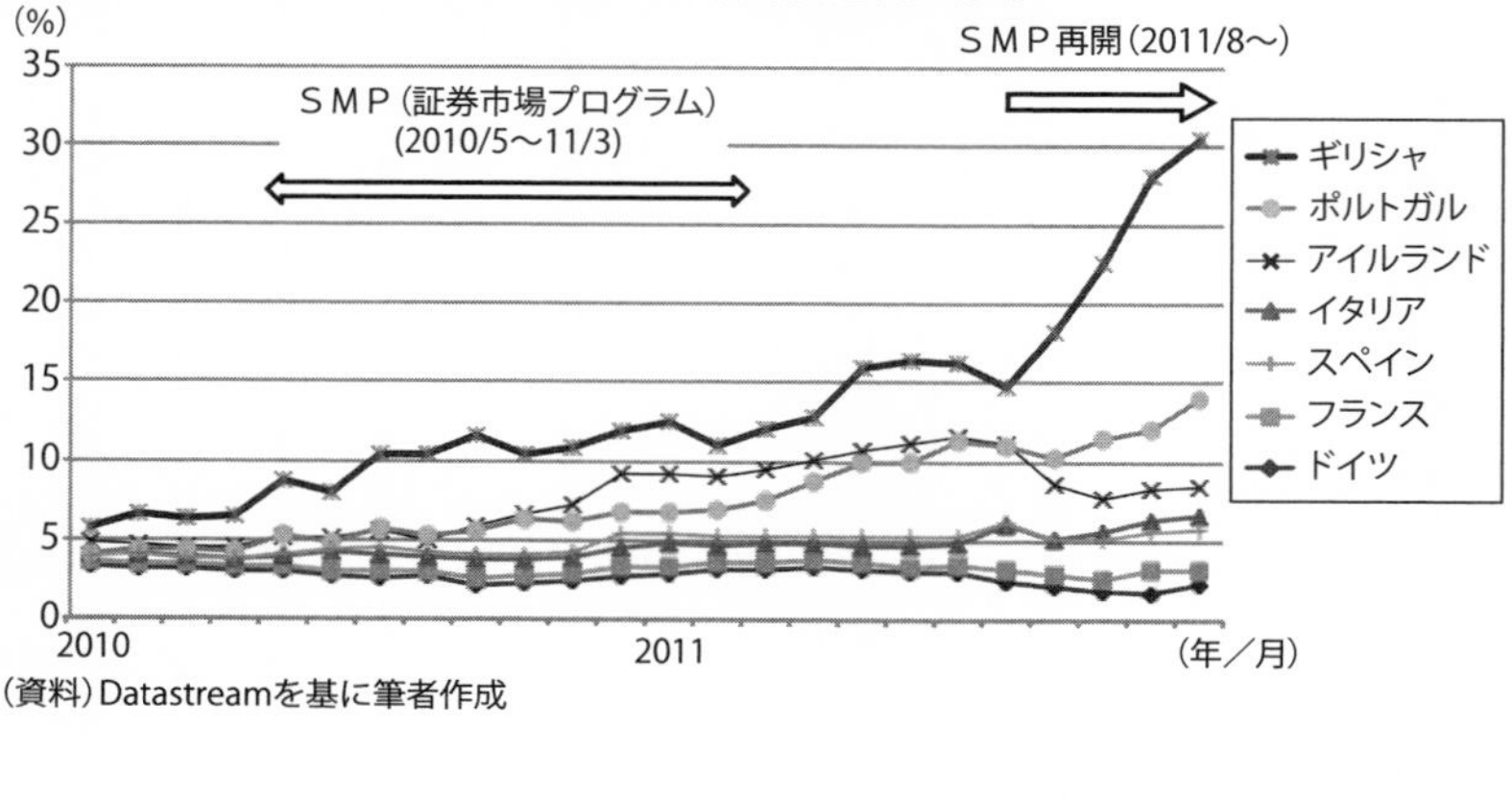

(資料) Datastreamを基に筆者作成

はいえども、①中央銀行の政府からの独立性を維持するうえでの根幹で、条約でも固く禁じられている財政ファイナンスに抵触する可能性は本当にないのか、②またより現実的な懸念として、各国政府がＥＣＢの国債買い入れに安住し、財政再建のために本来必要な増税や歳出削減を怠る可能性もあるのではないか、という反対論も根強かった。そしてＥＣＢ内では、深刻な意見対立が次第に表面化した。

ＥＣＢの政策委員会メンバーでもあるドイツ連銀の当時のウェーバー総裁は、トリシェＥＣＢ総裁（二〇一一年一〇月で任期満了）の後任の有力な候補とみられていた。しかしながら、二〇一一年二月、「個人的事情」を理由に、一年余りの任期を残しながら、同年四月末でドイツ連銀総裁を辞任すると発表し、有力視されていた次期ＥＣＢ総裁の座も投げ打つ形で民間に転出した。その背景には、このＳＭＰ実施をめぐる意見対立があったとみられている。

その後も債務危機の火はくすぶり続けて市場は荒れ、二〇一一年八月には、ＥＣＢは政策委員会の通常の会合に加え、緊急会合を開催せざるを得ない事態にまで追い込まれ、ＳＭＰによる国債の買い入れを四か月ぶりに再開し、買い入れ対象の拡大も決めた。イタリアとスペインの国債はこの時から買い入れ対象に加えられた模様である。

しかしながら、政策委員会のこの決定には、ドイツ出身のシュタルク専務理事と、ウェーバー前総裁の後任であるワイトマン独連銀総裁を含む、複数の中央銀行総裁が反対票を投じたとみられるなど、ＥＣＢ内の意見対立は一層深刻な事態となった。翌九月、シュタルク専務理事も、「個人的な事情」を理由に、二〇一一年末で辞任すると発表した。当時のこうした状況を振り返れば、その後八年が経過した、ドラギ前総裁時代の末期にあたる二〇一九年九月以降、ECB内部での意見対立が再び表面化した事態（詳細は3参照）には既視感がある。

3 ドラギ総裁就任

トリシェ総裁の任期満了が迫る二〇一一年秋、債務危機は一層深刻化し、ついには独仏に次ぐユーロ圏第三の経済大国であるイタリアの財政運営継続まで危ぶまれる事態となった。万が一、そのイタリアにユーロ圏やIMFなどから財政支援が必要な事態となれば、その規模はギリシャやアイルランド、ポルトガルのケースとは桁違いのものともなりかねない。

図4-7はイタリアの財政当局がこのころに直面したイールドカーブの変化を示したものである。一国が財政運営を続けるうえで本当に切羽詰まったとき、資金繰りのために発行する国債は長期国債でなくともよく、一年物やそれ未満の短期の国債でも当座は十分に資金繰りをしのげることになる。ところが当時のイタリアでは、とりわけ一一月初め、国民の歓心を買うべく財政再建に

図4-7　2011年10月～12年９月のイタリア国債の金利変化

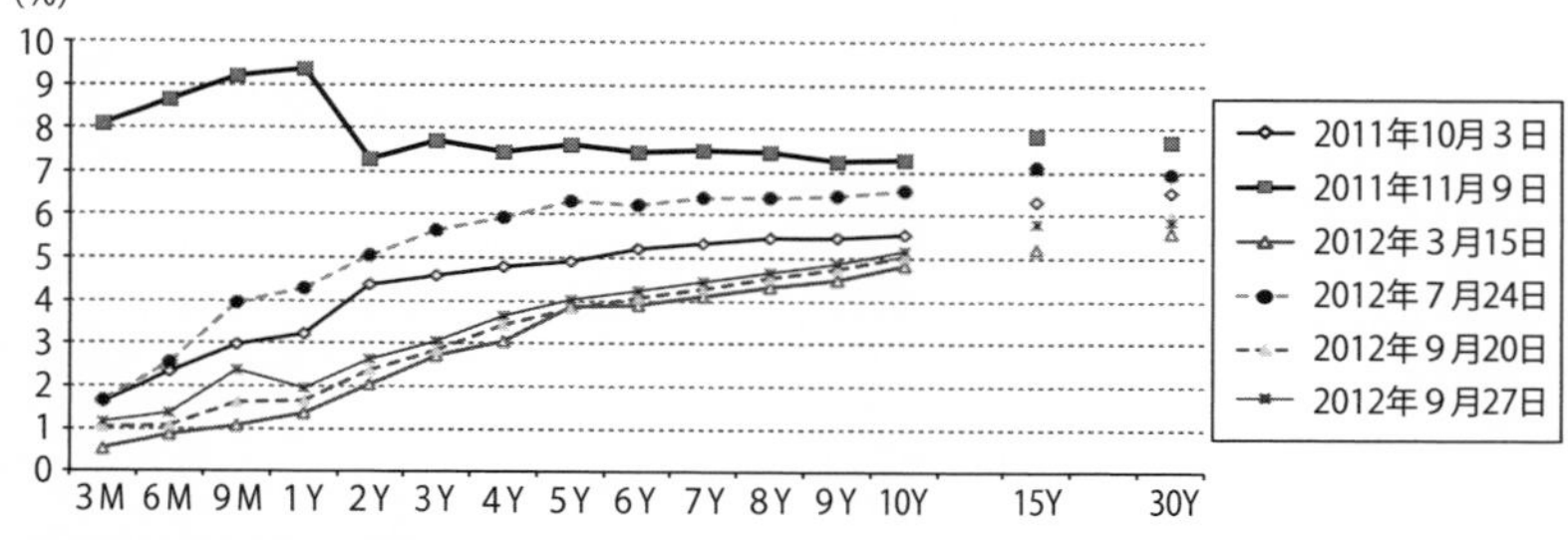

（資料）Datastreamを基に筆者作成
（注）2011～12年各日のスポット・レート

取り組まずに済ませようとしたベルルスコーニ首相の退陣直前の時期には、市場ではイタリアの財政破綻観測が強まり、イタリアは一年未満の短期の国債を発行しようとしても一〇％近い高金利を市場から要求される事態に陥った。これでは利払い費が目先から膨大な額となるため、財政運営はとても回らない。

こうした厳しい金融情勢に際し、一一月一日に就任したドラギ総裁は、最初の一一月の政策委員会でまず、政策金利の〇・二五％の引き下げを打ち出したほか、続く一二月の政策委員会では、かつては三か月の期間で実施していた銀行向けの資金供給（金融調節）手段である「長期リファイナンシング・オペ」（ＬＴＲＯ）を、三年という異例の長い年限で、また、民間銀行側が必要な担保をＥＣＢに差し入れられる限りにおいて金額無制限で供給する、という思い切った新たな政策を打ち出した。当時の他の主要中銀の金融政策運営に目を転じれば、本書でもこれまで述べてきたとおり、米連邦準備制度（Ｆｅｄ）やイングランド銀行（ＢＯＥ）が、金融危機の収束のため、各国債などの大規模な買い入れを行っていた時期に当たる。しかしながら、ＥＣＢは、これほどユーロ圏各国の債務危機が深刻化した局面でありながらも、そうした政策を短絡的に採用することは決してなかった。そこには、トリシェ総裁時代のＳＭＰによる国債買い入れが、多かれ少なかれイタリアなどで財政規律の緩みを招いたことは否定できず、それが危機のさらなる深刻化につながったという反省があった模様である。また、中央銀行として国債などの債券をひとたび買い入れてしまえば、いずれ正常化が迫られる局面での売却は容易ではない、という事情もあった。

いずれにせよ、ＳＭＰに対するドイツ勢を中心とする反対意見も十分に傾聴したうえで、ＥＣＢは各国国債を直接買い入れることはしないものの、異例の手法・規模でのＬＴＲＯという新たな金融政策運営手段によって、多額の各国国債をすでに保有するユーロ圏の民間銀行が、それらを手放さなくて済むようにするという方法で、間接的に各国の財政運営を下支えするという道を選択したのである。こうした政策運営はほどなく奏功し、二〇一二年に入ってからは、ギリシャを除くユーロ圏各国の国債の長短金利の水準は、徐々に落ち着いていくこととなった（**図４-７**）。

４　やれることは何でも

ところが残念ながら、欧州債務危機はなお、収束には程遠い状況にあった。ギリシャは、二〇一二年に入ってから、前年一〇月のユーロ圏首脳会議で決定された「債務の五〇％減免」（＝民間銀行に対する棒引き）をいかに実施するかという、財政・経済の立て直しを図るうえでの最大のヤマ場を迎えることとなった。ギリシャの債務の棒引きは同年三月にいったん決着し（ギリシャの一回目の財政破綻）、直ちに実行に移されたものの、その決着内容は、欧州各国の銀行を中心とする外国債権者のみならず、ギリシャ国民自身にも多大な負担と痛みを課すものであったために、同年五月に実施されたギリシャの総選挙では国民の不満が噴出し、ギリシャのユーロ圏脱退が取り沙汰される事態となった。ユーロ圏各国や欧州中央銀行は、単一通貨ユーロの発足後一三年目にして、ユーロ崩壊の瀬戸際という最大の危機に立たされることとなったのである。

ドラギ総裁は同年七月、ロンドンでのスピーチのなかで、「我々のマンデートのなかで、ＥＣＢはユーロを守るためにやれることは何でもする」と発言した。いわば、単一通貨ユーロが果たして持ちこたえられるのかという疑念が渦巻いていたこの時期におけるこのフレーズの威力は大きく、実際、この発言が内外に広く伝えられた翌日以降、スペインやイタリアの国債利回りは大きく低下した。

もっとも、ドラギ総裁のこの発言後、ほどなく開催された八月の政策委員会では、こうした政策運営の方向性に対して、ワイトマン総裁以下のドイツ連銀が公式に反対し、同総裁は、このころ、複数回にわたり辞任を検討したと報じられるなど、ＥＣＢをめぐる情勢は緊迫化した。

続く九月の政策委員会でＥＣＢは、政策委員会メンバー間でのそうした温度差も踏まえたうえで、新たな枠組みとして、短・中期国債の買い切りオペ（ＯＭＴ）の導入を決定した。これは、対象国が、ユーロ圏が定めるプログラムに従い、財政再建を断行することを条件に申請すれば、満期一～三年の短期・中期国債に限り、金額無制限でＥＣＢが買い入れることを主な内容とするものである。結果的にＯＭＴは、ユーロ圏の定める財政再建プログラムが極めて厳しいものであるため、今日に至るまで、実際には一度も申請されたことはなかった。しかし、ＥＣＢのこうした姿勢も奏功し、同年一二月に再度、財政破綻するに至ったギリシャを除けば、二〇一三年入り後、欧州債務危機は収束に向かうこととなった。

5 黒田総裁との違い

「やれることは何でもやる」――そういえば、日本でもかつて耳にしたことがあるフレーズだ。

第二次安倍政権発足直後の二〇一三年三月、白川前総裁に替わる新日銀総裁候補となった黒田氏は、衆議院議院運営委員会における所信表明のなかで、「もし私が総裁に選任されたら、市場とのコミュニケーションを通じて、デフレ脱却に向けやれることは何でもやるという姿勢を明確に打ち出していきたいと思う」と述べている。そして就任直後の同年四月から、黒田日銀は年間約五〇兆円という巨額のペースでの国債等の買い入れをはじめとする「量的・質的金融緩和」を打ち出し、今日に至っている。その考え方はまさに、「デフレ脱却、ないしは二%の物価目標の達成が先」、「財政再建は後」、というものだ。そして、その後の日本の財政規律の弛緩《しかん》振りは今、まさにみてのとおりの状況になっている。

これに対し、欧州債務危機の火の手が上がるなかでECBが打ち出した政策はあくまで、「財政再建が先」で「ECBによる国債買い入れは後」だった。OMTは実際に発動されることもなかった。それでも危機は収束に向かい、ユーロ圏各国では、日本とは対照的に、その後総じて財政再建が進んだ。債務危機に陥った国々にとって、ECBの政策運営は一見「血も涙もない対応」だった。しかし、本当の意味で各国の将来のためになる中央銀行の金融政策運営とはいかにあるべきかを物語っているといえよう。

３ デフレ危機との闘い――マイナス金利と資産買い入れ

欧州では二〇一二年、ギリシャが三月と一二月の二度にわたり財政破綻した。翌一三年四月には、ギリシャの隣国で経済的なつながりが深かったゆえ、その破綻の余波で財政危機に見舞われたキプロスがユーロ圏やＩＭＦ（国際通貨基金）から支援融資を受ける五番目の国となる事態に至った。しかしながら、その後の同年夏頃からは、足掛け四年近くに及んだ欧州債務危機も、ようやく収束に向かうこととなった。

１　債務危機の後遺症

ところが、ほっと息をついたのもつかの間、ユーロ圏各国には次なる試練が待ち受けていた。

二〇一三年末から一四年にかけてのユーロ圏全体の経済情勢をみると、危機の収束を映じ、実に一二％にも達していた失業率がようやく低下傾向に転じた。一方、ユーロ圏各国の物価上昇率は、景気回復の足取りが確かなものとなれば上向くはずのところ、逆に低下の一途をたどった（図４-５）。一四年末以降には前年水準を割り込む時期もみられるなど、このままではユーロ圏経済が、物価が持続的に下落し続けてしまうデフレーション（デフレ）に陥ってしまうのではないかと深刻に懸念される事態となった。その傾向は、債務危機の際、大幅な増税や歳出カットなどの厳しい財政緊縮を余儀なくされたギリシャ、ポルトガル、アイルランド、イタリア、スペインといった重債務国でとりわけ顕著となった。

2　デフレはなぜいけないのか

デフレとは、モノの値段が下がるのだから、直感的には消費者にとっては悪いことではないように思われるかもしれない。確かに消費者の側の所得金額が確実に維持されるなかで、生活に必要なモノの値段だけが下がるのであればそのとおりであろうが、世の中のモノ全体の値段がジリジリと下がり続ける、いわゆる「デフレ・スパイラル」に入ってしまったら話は全く別だ。企業を例にとれば、仮に同じ数の商品が売れ続けたとしても売上高は減り続け、同じ人数の従業員を雇い続けること、もしくは従業員に同じ金額の給料を払い続けることは難しくなる。そうやって世の中全体の経済活動の縮小傾向が止まらなくなってしまうのだ。

ひとたびそうした事態に陥ってしまうと、中央銀行が経済を刺激したくとも、金融政策が効かなくなり、手の施しようがなくなってしまう。図4-8で示すように、金利は「予想物価上昇率」とそれ以外の部分である「実質金利」で構成される。中央銀行にとっては、金融政策運営で金利を下げるとしてもせいぜいゼロ％近傍までという限界がある。(注5) 仮に経済全体がデフレ状態

図4-8　金利の構造（概念図）

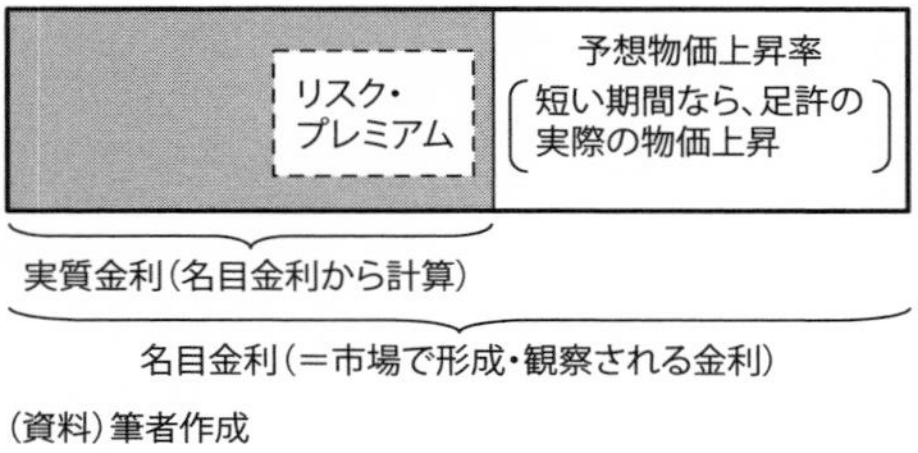

（資料）筆者作成

にすでに陥ってしまったもとで短期金利をゼロ％としても、予想物価上昇率がマイナス一％に落ち込めば、経済全体に作用する実質金利の部分はプラス一％に相当し、これでは金融緩和で経済を刺激するどころか、逆に金融引き締めになってしまい、いつまでたっても国の経済活動は上向かない。このように、デフレは、その逆の現象であるインフレと同様、経済全体に深刻なコストをもたらすことが広く知られている。

（注５）近年はマイナス金利を採用する中央銀行もいくつか存在するが、マイナス幅はわずかなものにとどまることが多い。

３　日本の「二の舞」だけは回避を

ユーロ圏経済のデフレ懸念が強まった二〇一四年六月、ＥＣＢはその月報のなかで、物価動向に関する詳細な分析に基づく公式見解を明らかにしている。それによれば、一口にデフレといっても度合いは様々で、①消費者物価の前年比がマイナスになるとしても短期間で済むと同時に、②その傾向が幅広い品目には広がらず、③経済活動全体に大きな負の影響を及ぼすに至らない、といった場合はそれほど心配はない。問題はこれらの基準のいずれについても逆の事例に該当する（注６）、「あからさまなデフレーション（注７）」のケースだ。

ＥＣＢの分析では、一九三〇年代の世界的な大恐慌の時代は別として、戦後の主要国の物価動向を振り返る限り、こうした「あからさまなデフレーション」に該当した事例はごく限られ、一九九五～二〇一三年の日本と、一九九九～二〇〇四年の香港しかない。香港は国際的な取引を活発に行う小国の事例で、物価動向に対して為替レートが与える影響が大きく、大国のケースとは同列には論じられない。ＥＣＢが決してその「二の舞」となりたくないのはもちろん、経済大国である日本が、八〇年代末のバブル崩壊による九〇年代後半の深刻な金融危機の後に陥った「あからさまなデフレーション」のケースのほうだ。二〇一四年初め頃のＥＣＢの当局者たちにとって、長きにわたりデフレに苦しむ日本経済のことが頭をよぎったであろうことは間違いない。

（注６）①消費者物価の前年比マイナスが長期化し、②その傾向が幅広い品目に広がり、③経済成長率が極めて低いかまたはマイナスの状態が持続する、といったケース
（注７）ＥＣＢはこれを outright deflation と称している。

４　積極的なバランス・シート政策

そこでＥＣＢは二〇一四年六月、それまでの金融政策運営姿勢を大きく転換した。３で述べたように、それまでのＥＣＢは、リーマン・ショックのみならず、欧州債務危機という厳しい事態に瀕しても、米英の中央銀行のような大規模な資産買い入れには安易に踏み切らず、いわば「消極的なバランス・シート政策」を採っていた。ＥＣＢが国債の直接の買い入れは避け、民間銀行向けの資金供給「長

期リファイナンシング・オペ」（ＬＴＲＯ）によって資金を潤沢に供給し、間接的に危機の収束を図ったことが奏功し、その後、危機の緊張が峠を越えたところで、これらの民間銀行は次々と、同オペを通じて借り入れた資金を繰り上げ返済し、二〇一二年頃には三兆ユーロの規模にまで膨張していたユーロシステム（ＥＣＢおよび各国中銀の総称）のバランス・シートはみるみるうちに縮小した（**図４-９**）。これは、国債等の大規模な買い入れを実施し、言い換えれば「積極的なバランス・シート政策」を最初から採った米英の中央銀行とは対照的な動きであった。

　しかしながらＥＣＢとしてもデフレ懸念が強まったこの段階に至り、米英中銀のみならず日銀等の金融政策運営やその成果もにらみつつ、「積極的なバランス・シート政策」に転じた。

図4-9　金融危機前からのユーロシステムの資産／負債の主な内訳別推移

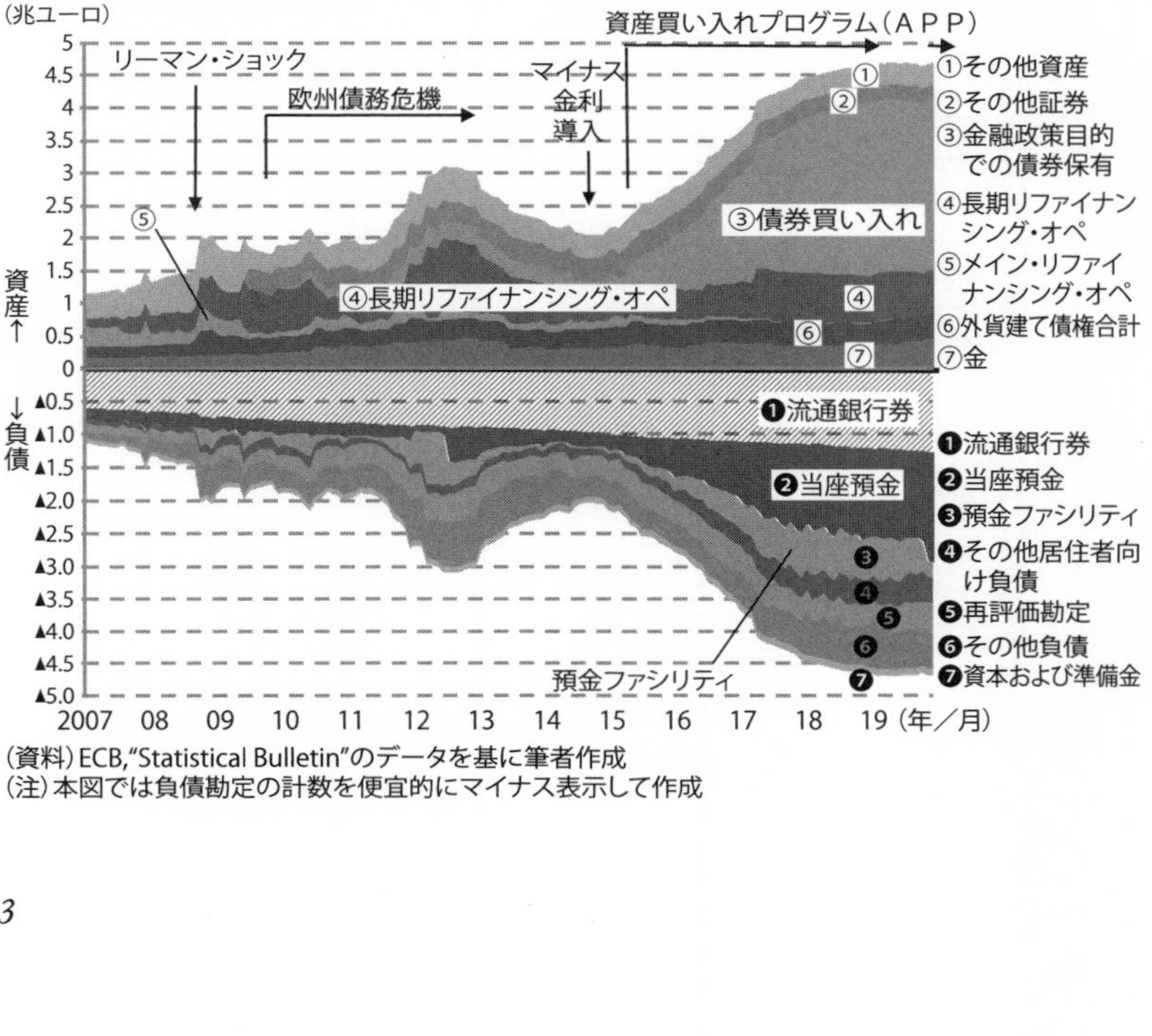

（資料）ECB,“Statistical Bulletin”のデータを基に筆者作成
（注）本図では負債勘定の計数を便宜的にマイナス表示して作成

ただしＥＣＢの場合、米英日の中銀のようにいきなり大規模な資産買い入れに着手することは避け、二〇一四年六月に、まずマイナス金利政策を先行して導入した（図４‐10）。

5　三本の政策金利とマイナス金利

中央銀行の政策金利の設定の仕方にはいろいろな方法がある。日銀の場合は一本の政策金利（無担保コールレート・オーバーナイト物）で金融政策運営を行ってきたが、ＥＣＢは三本の政策金利を設定し、それぞれ、「市場金利の上限」、「市場金利の誘導水準（仲値相当）」、「市場金利の下限」としての役割を持たせ、実際の市場金利はこの「上限」と「下限」の間を変動する。(注8)

三本のうち真ん中に位置するのが、ＥＣＢが金融市場向けに資金を供給するオペに適用される「メインリファイナンシング・オペ金利」だ。これに対して「上限」機能を担う「限界貸付ファシリティ金利」や、「下限」機能を担う「預金ファシリティ金利」は性質が異なる。両ファシリティとも、ＥＣＢではなく民間銀行側の発意によって、自らの日々の資金繰りの必要性に応じていつでも、ＥＣＢ側に資金の貸出しないしは資金の受け入れ（預金の預け入れ）に必ず応じてもらえる、という性質(注9)を有するものである。

図4-10　欧州中央銀行の政策金利の推移

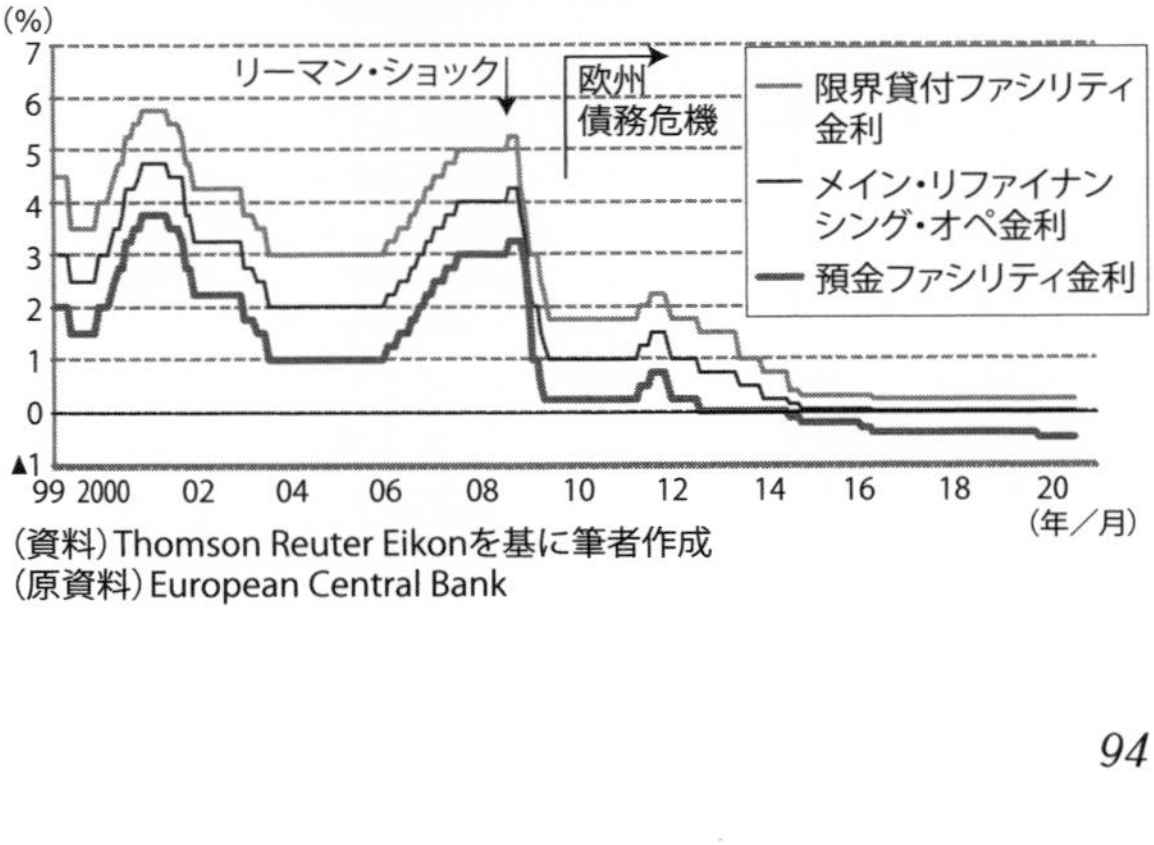

（資料）Thomson Reuter Eikonを基に筆者作成
（原資料）European Central Bank

二〇一四年六月、ＥＣＢはこのうち、「下限」機能を有する「預金ファシリティ金利」にマイナス金利を適用することとした（当初は▲〇・一％→その後▲〇・五％にまで引き下げ）。これは、民間銀行がＥＣＢに資金を預かってもらおうとすれば、それまでとは逆に、民間銀行側からＥＣＢ側にマイナス金利相当の手数料を支払わなければならなくなることを意味する。マイナス金利の適用対象は、「預金ファシリティ」の利用による分にとどまらず、民間銀行が他行との資金決済目的などでユーロシステムに預けている当座預金にも拡大された。ＥＣＢとしては、それまでの「金利引き下げの限界はゼロ％」という通念を打ち破る形で、何とかして金融政策運営を通じて、ユーロ圏のあからさまなデフレ状態への転落を未然に防ぎたい、との意図があったものとみられる。

（注８）ゆえにこうした三本の政策金利による金融政策運営は「コリドー（回廊）」方式とも呼ばれる。
（注９）こうした機能を「スタンディング・ファシリティ」と称する。

６　マイナス金利先行のもう一つの意図

そしてマイナス金利の導入には、実はもう一つの意図があった。大規模な資産買い入れに伴って生じる最大の難点は、第2章③で米連邦準備制度（Ｆｅｄ）を例に説明したように、民間銀行が預ける中央銀行当座預金が大きく膨張して、市場全体が「巨額のカネ余り」状態に陥ってしまうことにある。そうしたもとでは、金融緩和が必要なくなったときに中央銀行が機動的に市場金利を引き上げ誘導することが困難となりかねないほか、その過程で中央銀行の財務運営にも大きな負担がかかりかねない。

ＥＣＢは大規模な資産買い入れを先行して実施した他の主要中銀の政策運営を、効果のみならずデメリットなども含めて検証し尽くしており、大規模な資産買い入れを行うとしても、それがそのまま中央銀行当座預金の増加につながらないよう、できる限り抑制する枠組みをあらかじめ仕組んでおきたいとの意図のもと、まず、マイナス金利を導入した。そして、それから半年余りが経過した二〇一五年三月に、各国債を含む債券の大規模な買い入れに踏み切った。ＥＣＢはもちろん、民間銀行を相手に国債などを買い入れる。ただし、ＥＣＢとしては、民間銀行側に、その対価として得る資金を企業向けの貸出しなどに向けてほしい。それができて初めてユーロ圏の経済は上向き、デフレ懸念も払拭される。民間銀行側にその算段がなく、消去法的にユーロシステムに預けるしかないのであれば、そもそも国債の買い入れに応じてくれなくて構わない。そのようなことにできるだけならないようにするためにも、今後は、ユーロシステムに資金を預けるのであれば、マイナス金利を適用し、民間銀行から手数料をとらせていただく、とＥＣＢは割り切ったことになる。

その後のユーロシステムのバランス・シートの拡大振りは**図４-９**のとおりである。図中でマイナス表示している負債勘定の構成をみると、二〇一九年一一月末時点では、民間銀行がユーロシステムに預けている当座預金と預金ファシリティの合計は、流通銀行券の約一・五倍に抑えられていることがわかる。これに対して日銀の場合は足許の同比率は約四倍と当座預金の膨張振りが著しい。ＥＣＢの場合は、政策運営上の工夫が奏功して、同じ大規模な資産買い入れを行うにしても、その副産物である当座預金等の膨張を一定程度抑制できていることがうかがわれる。こうしたあたりに、ＥＣＢの、異例の政策運営による副作用などへの懸念といった多様な意見も傾聴しつつ政策運営の枠組みを形成し、コンセンサスの醸成を図ったうえで実行に移すという、思慮深い政策運営振りとその成果がみてとれよう。

7　ドラギ総裁退任間際の再緩和と軋轢《あつれき》

大規模な資産買い入れへの着手当初、ＥＣＢは、欧州債務危機時のピークであった三兆ユーロを資産規模拡大のめどとしていたが、ユーロ圏経済が持ち直すのには時間を要し（**図４-５**）、実際には、それを大きく上回る五兆ユーロ弱の規模にまで買い入れが続けられた後、二〇一八年末をもって停止された。二〇一四年にかけ、いったん縮小させたバランス・シートを再拡大させたＥＣＢが、程度の差こそあれ、それを今後いかに縮小し正常化させるのかという、日米英の中央銀行に通じる課題を抱えていることは間違いない。当時、ドラギ総裁はマイナス金利から脱却するなどして正常化への道筋をつけたうえで一九年一〇月に任期を全うするものとみられていた。

ところが、ユーロ圏経済を取り巻く環境はその後激変した。米中の貿易戦争が激化したあおりで、ユーロ圏経済の主軸であるドイツ経済まで減速傾向にあることが明らかになった。英国のＥＵ離脱問題も迷走し〝合意なき離脱〟の可能性が高まった時期もあった。そうしたなかでユーロ圏の物価上昇率は再び低迷基調となった（**図４-５**）。

そうしたなか、ドラギ総裁の退任間際の二〇一九年九月、ＥＣＢは、マイナス金利幅のさらなる深堀り（▲〇・四→▲〇・五％）などとあわせ、国債等の資産買い入れを同一一月から再開するなどの、再度の金融緩和を決めたが、実際には満場一致で円満に決定できた政策はほとんどなかった。

政策委員会後の記者会見の場でドラギ総裁は、そのなかでもとりわけ「資産買い入れの再開」がもっとも紛糾し、相当程度の反対派がいたことを認めた。にもかかわらず同総裁は、「結局、幅広い合意が得られたので採決をする必要はなかった。明らかな多数が存在した」と述べた。

ＥＣＢの政策委員会は、役員会のメンバーとユーロ圏各国の中央銀行総裁によって構成され、合議体として行動する。議決はメンバー一人一票方式で行われ、メンバーが所属する中央銀行を擁する国の経済規模の大小には一切関係はなく、一票は一票で、その重みにウエートづけがなされることはない。人口が最も少ないマルタ中央銀行総裁も一票、そして最大のドイツ連銀総裁も同じ一票、である。ただし、ユーロ圏の参加国が一九か国に達した二〇一五年からは、各回の投票権の配分に関する精緻なローテーションのルールが定められ、そのなかで経済規模が一定程度、勘案される仕組みとなっている。確かに政策委員会の意思決定はＥＣＢの規則上、「コンセンサス方式で行う」と漠然と定められているのにとどまる。しかしながら、精緻な投票権のローテーションの枠組みを定めておきながら、これほど重要な案件で採決をしなかったことを受けて、欧州の現地では波紋が広がった。

政策委員会に出席していたのはドラギ総裁、デギントス副総裁を含む役員六名と一九か国の加盟国中銀総裁の合計二五名。今回決定された資産買い入れの再開に関しては、このうち少なくとも七名が反対に回り、うち四名はフランス、ドイツ、オランダ、オーストリアの中銀総裁とも現地では報じられた。

この回の政策委員会で投票権を有しなかったのは、フランス、エストニア、アイルランド、ギリシャの各中銀総裁。裏を返せば、政策委員会の開会前から、さらなる金融緩和に対して公然と、声高に反論を唱えていたドイツ、オランダ、オーストリアの中銀総裁は皆、この回は投票権を有していた。反対派の中には役員も含まれていた模様だ。ドイツ出身のラウテンシュレーガー理事はその後、あと二年以上の任期を残していたにもかかわらず、一〇月末で辞任した。資産買い入れ再開決定への不満が背景とみられている。役員のなかではこのほかにも、フランス出身で当時、金融市場や金融調節などを担当していたクーレ理事も、この回の決定の反対に回っていたとも報じられている。ドラギ総裁も、彼らにまで目前で反対票を投じられる採決は到底できなかった、ということか。多様なユーロ圏各国を束ねて意思決定をし、一本の金融政策運営を行っていくことがいかに難しいかを、この二〇一九年九月の一件は物語っているといえよう。

8　一六年振りの戦略的レビュー

こうした状況下で二〇一九年一一月、後任のラガルド新総裁が就任した。同総裁は続く一二月の政策委員会後の記者会見の場で、ＥＣＢとして今回は金融政策運営のスタンスは変更しないことに加え、二〇二〇年中に「戦略的レビュー」を行うことを明らかにした。

ＥＣＢの金融政策運営戦略には、①「物価の安定」をいかに定義するかと、②ユーロ圏経済のいかなる側面ないしは指標に着目してリスクの分析を行うのか、という二つの要素がある（**図4-11**）。第一の要素に関しては、ユーロ導入前の一九九八年の政策委員会において、物価安定とは、ユーロ圏の消費者物価の前年比が二％未満の状態が中期的に維持されること、と明確に定められた。第二の要素に関しても、二〇〇三年五月の政策委員会において、経済分析と金融分析の双方に立脚する「安定志向の二本柱アプローチ」によることが決定された（詳細は①参照）。

ラガルド総裁は今般、この金融政策運営戦略を約一六年振りに見直すのに際し、広範であらゆる問題を対象とするが、とりわけ中期的な政策目標をいかに定義づけるかが中核になると述べている。世界的にみても低成長・低インフレ状態が長期化・広範化するなかで、従来「二％」ないしはその近傍に設定されるケースが多かった中央銀行の金融政策運営目標を今後どうするのかは、日米等の中央銀行にも共通する課題であり、ＥＣＢが今回、改めていかに定義づけし直すのかが注目される。

また、同総裁はこのほか、近年の技術革新や気候変動による経済への影響や、格差問題なども検討の対象に含める可能性を示唆している。気候変動問題は、ラガルド氏がＩＭＦ専務理事在任中からの持論であるほか、二〇一九年一一月に就任したフォンデアライエン新委員長率いる欧州委員会が掲げる重点課題でもあるが、本来は中央銀行ではなく政府が取り組むべき課題である、と

図4-11　ＥＣＢの金融政策運営戦略の２つの要素

第１の要素	「物価の安定」をいかに定義するか	「物価安定とは、ユーロ圏の統一消費者物価指数（ＨＩＣＰ）の前年比上昇率が２％未満にとどまること、そして、そのような物価の安定が中期的に維持されること」（1998年政策委員会決定）
第２の要素	何に着目して物価安定に対するリスクの分析を行うのか	「安定志向の２本柱アプローチ（経済分析および金融分析）」（2003年5月政策委員会決定） <不採用とされた他の戦略> 「マネタリー・ターゲティング」 「直接的なインフレーション・ターゲティング」 「為替レート・ターゲティング」

（資料）*ECB, The Monetary Policy of the ECB 2011*を基に筆者作成

の意見も根強い。

いずれにせよ、このようにして中期的な目線での金融政策運営戦略を、時代の変化に応じた形で見直していくプロセスを通じて、ＥＣＢとしても、危機以降に積み上げた異例の金融政策運営を徐々に正常化する道を探っていくことになり、また、そうした議論の積み重ねを通じてメンバー間の意見対立を超えたコンセンサスの醸成が図られるものとみられる。

ＥＣＢはこのように、従来から金融政策運営戦略の在り方について事前に十分な議論を尽くし、その結果をまとめた基本的な戦略などを対外的に明確に十分に説明したうえで、実際の金融政策運営に臨んできた。そうした姿勢がこれまでの思慮深く賢明な政策運営に結実していると考えられる。

他方、そうした姿勢は、残念ながら日銀には、黒田総裁就任の前後を問わず長らく欠けてきたものでもある。だからこそ、黒田総裁就任の際に、十分な議論を尽くすことなく、あれほど急激な政策転換が可能になってしまったともいえる。ＥＣＢが今後展開するであろう「戦略的レビュー」の内容から、日本としても大いに学ぶべきであるといえよう。

第5章　日本の経済と財政の行方

❶ 日銀の金融政策を検証する

第二次安倍政権が発足したのは二〇一二年末。翌一三年三月に就任した黒田総裁のもと、日本銀行が「二年で物価上昇率二％を達成」という目標を大々的に掲げ、国債やＥＴＦ（信託財産指数連動型上場投資信託）などを大規模に買い入れる「量的・質的金融緩和」（以下ＱＱＥ）を開始してから七年をすでに超えた。その後日銀は、まず二〇一六年一月、短期金利を日銀として初めてマイナス圏内に誘導する「マイナス金利政策」をＱＱＥに加える形で実施した。続く同年九月には、それを「長短金利操作」（イールドカーブ・コントロール）という形に修正して、短期金利をマイナス圏内に誘導するばかりでなく、長期金利（一〇年物国債金利）がおおむねゼロ％程度で推移するように長期国債の買い入れを通じて誘導することとし、今日に至っている。

1　七年以上に及ぶ黒田日銀の政策運営

この間、ＱＱＥの根幹である国債の大規模な買い入れは、二〇一三年四月の着手時点では年五〇〜六〇兆円というペースで開始され、その後二〇一四年一〇月の追加緩和後は年八〇兆円ペースに引き上げられた。日銀は二〇一六年九月以降、金融政策運営の目標を、黒田総裁の就任後から採用していた「量」（国債の買い入れペースやそれによる資金供給額等の形で示されるもの）から「金利」に転換したものの、同時に、「物価上昇率が安定的に二％という目標を超えるまで、マネタリーベース（注1）の拡大方針を継続する」という「オーバーシュート型コミットメント」も打ち出し、マネタリーベースを拡大させ続けるために国債の買い入れも継続している。コロナ危機到来前の二〇一九年中の日銀の国債保有額の増加幅は約一四兆円（満期到来による元本償還分を相殺したネット・ベース）と、ピーク時（年八〇兆円）と比べると、ペースはかなり減速してはいるが、相当な規模の国債買い入れが今なお継続され、日銀の資産規模が膨張し続けていることに変わりはない。

では、肝心の物価動向のほうはどうか。消費者物価前年比の推移をみると（**図5-1**）、QQE実施直後からマイナス圏内に

図5-1　量的・質的金融緩和実施後の長短金利と物価動向の推移

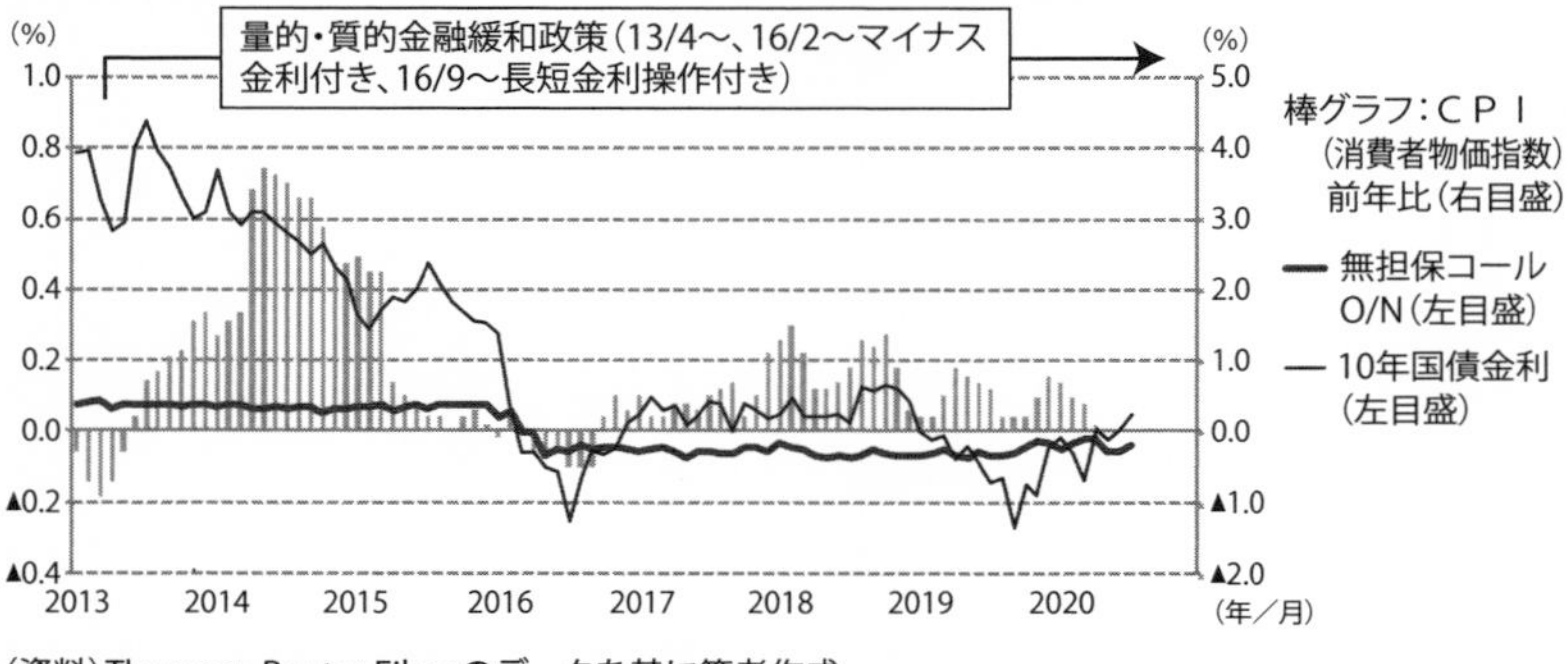

（資料）Thomson Reuter Eikonのデータを基に筆者作成
（原資料）日本銀行、総務省統計局
（注）無担保コールO/Nと10年国債金利は月初値。ＣＰＩ前年比には消費税率引き上げの影響を含む。

あったものがプラス圏に転じるなど目にみえて改善したものの、その傾向は最初の一年間程度しか続かず、その後は失速した。(注2)　ＱＱＥ開始から七年余りが経過しようとしている現在、「物価二％」という目標達成のめどは全く立っておらず、日銀自身もそれを認めている。

そして二〇二〇年春、日本を含む世界各国が突如、コロナ危機に直面し、日銀も去る四月二七日の金融政策決定会合において、それまで年間約八〇兆円をめどとしていた国債の買い入れ枠の上限を撤廃し、当面は無制限で国債を買い入れられるようにした。しかしながら、国債等をこのように大規模に買い入れる金融政策運営をこのまま続けていったとき、中央銀行たる日銀自身、そして日本経済はどうなるのかという将来展望について、日銀はこれまで口を閉ざしたままだ。記者会見の際や国会の参考人質疑などでこの点（いわゆる「出口」問題）を何度となく問われた黒田総裁は「大丈夫だ」と述べるにとどまっている。もし本当にそう言えるのなら、その裏づけとして、実際にいかなる形で「大丈夫」な道筋をたどり得るのかを示して当然だろう。

本書でもこれまでみてきたように、実際、米連邦準備制度（Ｆｅｄ）やイングランド銀行（ＢＯＥ）は、早い段階からそうした試算結果を国民にわかりやすく示し、「出口」の考え方を明確に説明してきている。(注3)　しかしながら、日銀はこれまで「出口」の具体的な道筋に関する試算等は何ら示してはいない。

（注1）日銀が国債買い入れなどのオペレーションを通じて、民間銀行に直接供給した資金の残高に、銀行

券の発券残高を加えたもの。詳細は第1章参照
（注2）**図5-1**の消費者物価上昇率には消費税率引き上げ分が含まれる。二〇一四年四月〜一五年三月の期間は、約三％ポイント分のその影響を除けば、実力ベースの物価上昇率は減速していることがわかる。
（注3）詳細は第2章③や第3章②参照

2 量的緩和実施後に直面する難題

第2章③でも述べたように、日銀に限らず、金融危機後に大規模な資産買い入れを同様に実施した他の米欧の主要中央銀行に共通する課題として、中央銀行は国債などを民間銀行から買い入れる見返りとして、すでに巨額のマネタリーベースを民間銀行部門に供給してしまっているという現実がある。いざ、金融引き締めが必要となったとき、巨額の余剰資金が金融市場にあふれ返っているなかで、中央銀行が金利をいかにして引き上げ誘導するかはかなりの難題となる。

かつてのように、金融市場に必要最小限の資金しか中央銀行が供給していなかった時代（**図5-2**の①）であれば、中銀は相対的に少額の資金吸収オペレーションを実施しさえすれば、市場の需要と供給で成立する金利を簡単に引き上げ誘導することができた。しかし、大規模な資産買い入れを実施して市場に資金があふれている状況ではそうはいかない。足許の日銀のバランス・シート（以下BS）の姿（**図5-2**の③）は、民間銀行が多額の余剰資金を持て余し、日銀の当座預金に預け入れていることを物語る。この状態で、かつてのような少額の資金吸収オペを行ったところで、市場参加者のなかに誰も資

金不足の者はいないゆえ、資金を貸し借りする金融取引は発生せず、いつまでたっても需給の均衡点を示す金利は市場で成立しないことになる。

こうした課題に対して、先陣を切って金融政策運営の正常化に取り組んだＦｅｄは次のような手法を編み出し、実行に移した(注4)。民間銀行から中央銀行に預けられた当座預金は、かつては国を問わず無利子が当然であったところ、Ｆｅｄはこれに付利をする（中央銀行が民間銀行に利子を支払

図5-2　日銀のバランス・シートの大まかな見取り図の比較
（2000年末、2005年末と2020年６月末）

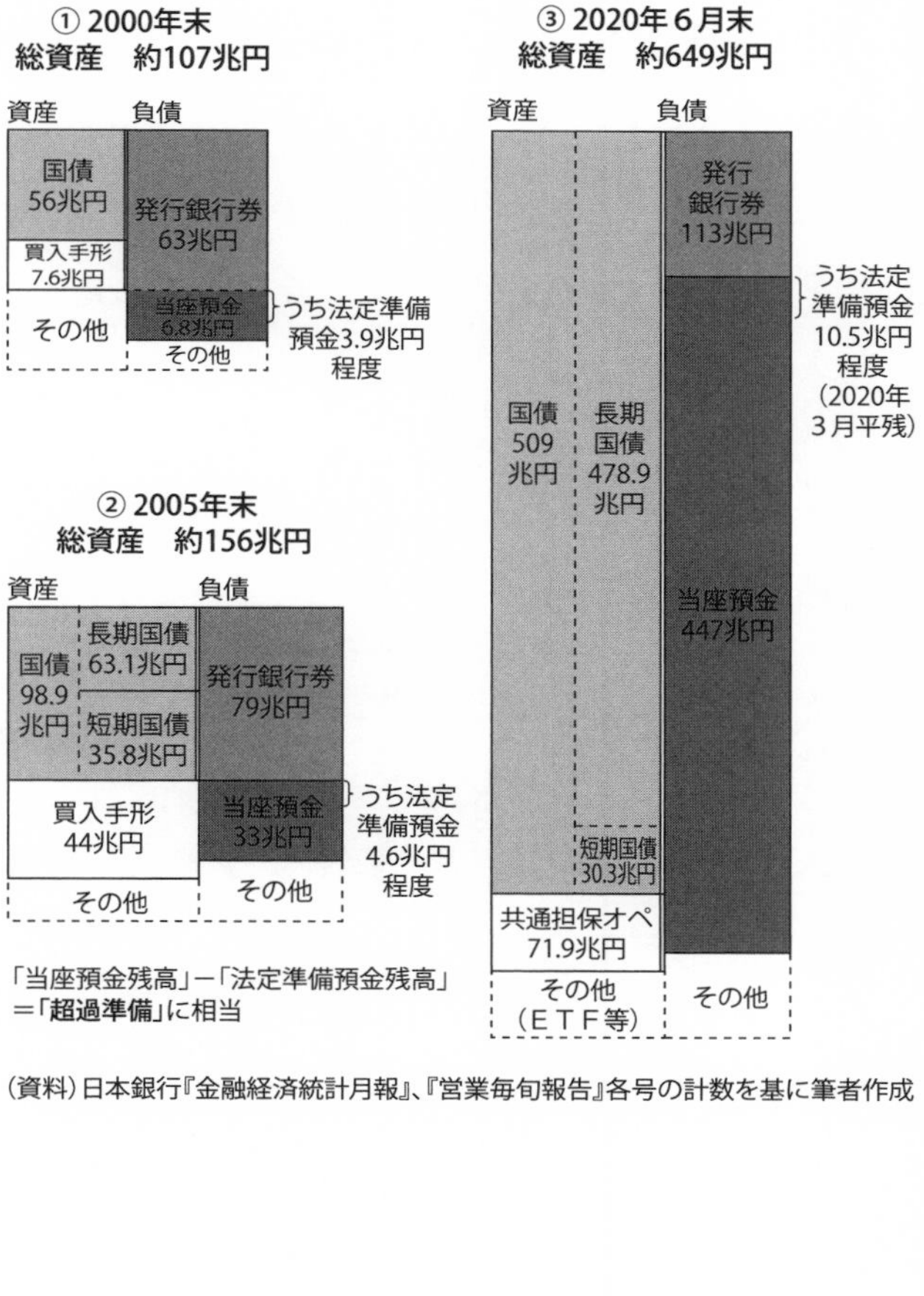

（資料）日本銀行『金融経済統計月報』、『営業毎旬報告』各号の計数を基に筆者作成

う）ことを連邦議会に認めてもらい、その付利の水準を引き上げることを通じて、短期金利の引き上げ誘導を実現した。日本でも今後、金融引き締めが必要な局面となれば、同様の手法で金利の引き上げ誘導をするよりほかにないことを、日銀自身も認めている。

（注４）詳細は第２章[3]参照

３　金融引き締め局面では債務超過に

ところがその際、当該中央銀行のＢＳ上で付利をする当座預金（負債）の見合いとなる資産側で、どの程度の利回り（収益）が得られているのかが問題となる。日銀の場合、ＱＱＥに着手した二〇一三年四月の時点で、一〇年国債金利は一％台という低水準がすでに一〇年以上にわたり長期化した状態にあった（**図５-３**）。これは日銀がＱＱＥで、多額の国債を買い入れ始めた時点で、市場で取引されている一〇年債には高くても一％台のクーポンのついたものしかなかったことを意味する。これは、米英の中央銀行であれば四％や五％といった高いクーポンのついた国債を買い入れることができ

図5-3　主要国の10年国債金利の推移

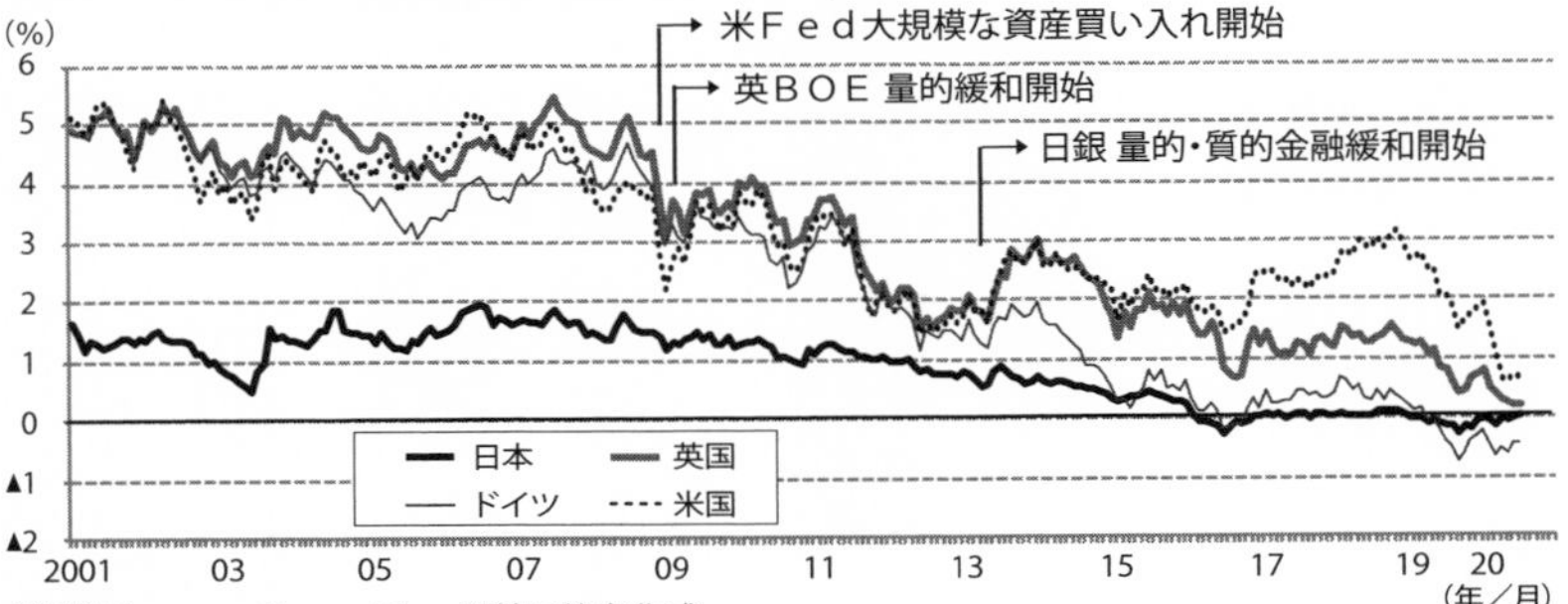

(資料) Thomson Reuter Eikonを基に筆者作成

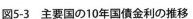

たのとは対照的な事態だ。実際には、日銀が買い入れた国債には、年限が一〇年を下回るものも多く、それらの国債に付されたクーポンは一〇年国債よりもさらに低かったはずだ。

日銀が二〇二〇年五月に発表した二〇一九年度決算によれば、二〇二〇年三月末時点で日銀が保有する国債の加重平均利回りはわずか〇・二三五％、他の資産を合わせた運用資産合計では〇・二二九％しかない。これは、日銀が短期金利を、わずか〇・三％に引き上げ誘導するだけで、負債サイドにある当座預金への付利の水準（〇・三％）が、資産サイドの国債等の加重平均利回り（〇・二二九％）を上回り、「逆ざや」に転じることを意味する。単純化して考えれば、日銀が短期金利を仮に一・三％に引き上げるだけで、逆ざやの幅は約一％ポイントとなり、日銀が足許で抱える当座預金が約四五〇兆円に膨れ上がっていることからすると、日銀はこの「逆ざや」のために、毎年度四・五兆円の損失を被らざるを得ない。これに対して日銀の自己資本（資本金に準備金、引当金勘定を合算したもの）は現在、九・六兆円しかなく、短期金利が一・三％という、歴史的にみればさして高くもない水準をわずか二年程度維持するだけで、日銀はたちまち債務超過に転落する、ということを意味する。将来的な物価や金融情勢によっては、短期金利を引き上げる水準が一％そこそこまでで済むという保証も、また、その期間が一～二年といった短期間で済むという保証もどこにもない。となれば、日銀は長期間にわたり、多額の債務超過に陥ることになりかねない。これこそが、ＱＱＥにこれほどまでに深入りしてしまった中央銀行が日本経済全体に深刻な影響を及ぼすであろう最大の問題といえよう。

4　金利上昇で国の台所も火の車

当然ながら、中央銀行は国と一体の存在だ。だからこそ各国の中央銀行は、毎年、金融政策運営を行うことによって得られる「通貨発行益」の大部分を国庫に納付している。ただし日銀の場合は、これほどまでにBSを膨らませていながら、そのなかで保有する国債についている金利が極めて低いがゆえに、近年の国庫納付金はジリ貧状態にある（注5）（**図5-4**）。今でこそ、日銀は階層方式のマイナス金利政策を継続し（**図5-5**）、プラス〇・一％の付利をするのは当座預金全体の半分強の約二〇八兆円で済ませることができている。ゆえにかろうじて年度当たり数千億円程度を国庫に納付することができ

図5-4　日銀の一般会計納付金の推移

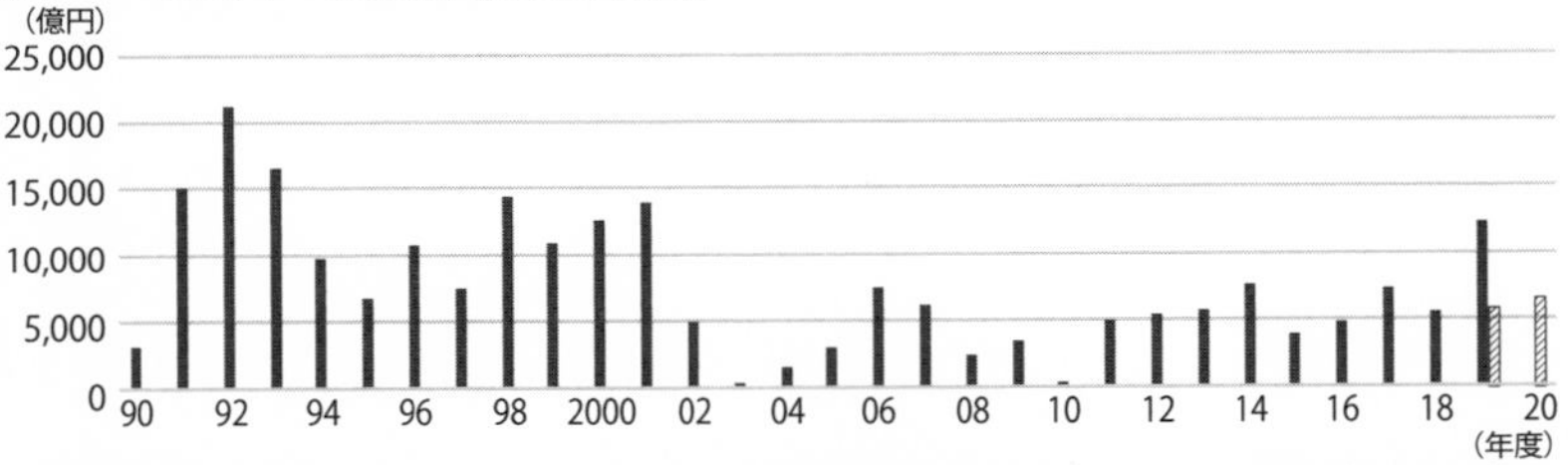

（資料）財務省『決算書データベース』、財務省主計局理財局『令和2年度予算及び財政投融資計画の説明』（第201回国会）、2020年1月、日本銀行『各事業年度決算等について』を基に筆者作成
（注）2019、20年度の斜線部分は、2020年度当初予算編成時点での財務省主計局による見込みベース

図5-5　日銀当座預金の適用金利別残高の推移（補完当座預金制度適用先）

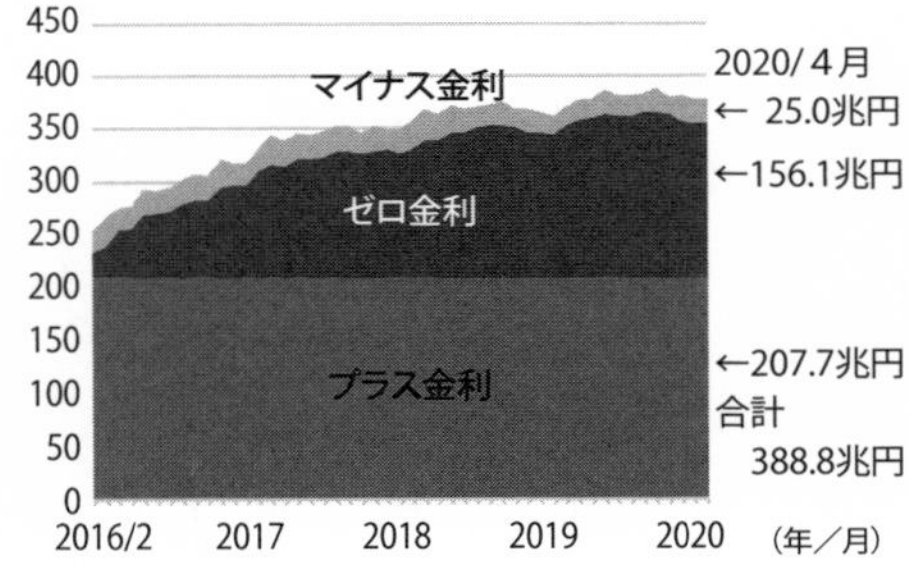

（資料）日本銀行『金融経済統計月報』、『時系列統計データ』
（注）「補完当座預金制度」とは、日銀当座預金のうちのいわゆる「超過準備」（民間銀行等の余剰資金の預け入れ分）に利息を付す制度。日銀と当座取引のある金融機関のほとんど（銀行、証券会社、短資会社等）が対象となるが、政府系金融機関や清算機関等、日銀と当座取引があっても対象外となっている機関も一部にある。投資信託、保険会社等はそもそも、日銀に当座預金を有していないため、対象外である。

てはいるものの、今後いざ利上げ局面となれば、当座預金全額にプラスの付利を行いその水準を引き上げていかなければならないことになり、あっという間に赤字に転落するであろうことは自明である。

日銀が赤字を続け、ほどなく債務超過に陥る事態となれば、今度は政府の側が租税を原資に日銀に債務超過に陥る全額を補てんするよりほかにない。では、短期金利が一％を超えて上昇するような事態となった場合、政府の財政運営はどうなるのか。

図５-６は、二〇二〇年度予算における大まかな歳入・歳出の見取り図を示したものである。当初予算では一般会計の予算規模が約一〇三兆円、普通国債の残高が二〇年度末には九〇〇兆円にも達しようとするなかで、利払費はわずか八・四兆円で済んでいる。二次補正後に、さらに国債が六〇兆円近く増発されることになっても、利払費はわずか八・六兆円にとどまる。これはひとえに日銀が、長短金利操作付きＱＱＥを続行し、長短金利の水準を極端に低い水準に押さえつけ続けていることによる。

その長期金利が今後、若干でも上昇したら、利払費はどうなる

図5-6　日本の2020年度予算（当初→２次補正後）における、一般会計の大まかな歳入・歳出の見取り図

〈通常分＋臨時・特別の措置ベース〉

〈歳入〉	（当初）	（２次補正後）
税収	63.5兆円	63.5兆円
その他収入	6.6兆円	6.6兆円
公債金	32.6兆円	**90.2兆円**

〈一般会計歳入・歳出総額〉	（当初）	（２次補正後）
	102.7兆円	**160.3兆円**

〈歳出〉	（当初）	（２次補正後）
社会保障関係費	35.9兆円	**40.5兆円**
地方交付税交付金等	15.8兆円	15.8兆円
公共事業費ほか	27.6兆円	**79.9兆円**
国債費	23.4兆円	**24.0兆円**
うち債務償還費	14.9兆円	**15.4兆円**
利払費	8.4兆円	**8.6兆円**

（資料）財務省『令和2年度予算のポイント』、『令和２年度補正予算（第２号）後の財政事情』を基に筆者作成
（注）太字は当初→２次補正後で増額となった項目

のかを、財務省の試算を基に示したものが**図5-7**だ。現在、ゼロ%程度に押さえつけられている一〇年国債金利が今後、一%台に上昇するだけで、利払費は数年のうちに一五兆円にも膨れ上がる。仮に税収を横ばいと見込んで現在の歳出規模が維持できるとしても、利払費の増加分約七兆円を、別の歳出を減らしてひねり出さなければならない。高齢化で膨張し続ける社会保障費約三六兆円から七兆円という規模の歳出カットが簡単にできるだろうか。増税で対応するとすれば、消費税率の一%ポイント引き上げによる増収額は約二・五兆円といわれているので、

図5-7　財務省の『仮定計算』が示す今後の利払費の見通し

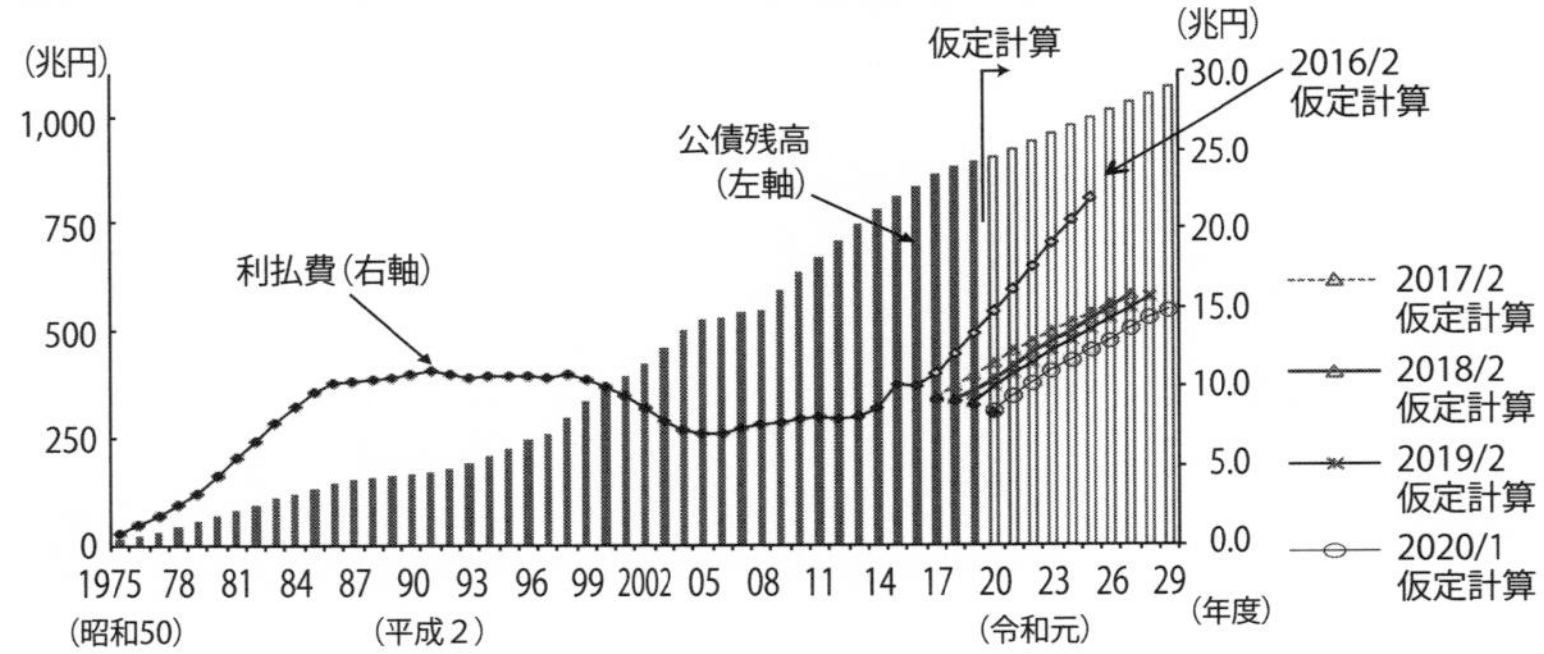

(参考)各年度の仮定計算策定時における10年国債金利の前提値(予算積算金利)の推移

	当年度	１年後	２年後	４年後	５年後	６年後以降
2016/2月時点	1.6	1.7	1.9	2.0	2.2	2.4

(%)

	当年度	１年後	２年後	４年後以降
2017/2月時点	1.1	1.2	1.3	1.4
2018/2月時点	1.1	1.2	1.3	1.4
2019/2月時点	1.1	1.2	1.3	1.4
2020/1月時点	1.1	1.2	1.3	1.3

(資料)財務省『日本の財政関係資料』、および『国債整理基金の資金繰り状況等についての仮定計算』各年版を基に筆者作成
(原資料注１)各年度版とも、各年度予算の「後年度歳出・歳入への影響試算」の[試算-１]を前提とする。「差額」は全て公債金で賄われると仮定して推計。令和２年度版では、令和６年度以降、新規公債発行額は平成令和５年度の「差額」と同額と仮置きし、金利は令和５年度と同水準と仮置き
(原資料注２)計算の対象は、定率繰入及び発行差減額繰入対象公債等としている。なお、年金特例債は計算の対象とし、復興債は計算の対象外とする。

その三%ポイント分の引き上げに相当する。

それに、債務超過に陥った日銀への補てん分が上乗せされることになる。仮に日銀の逆ざや幅が一%ポイントで済むとしても、その間、政府は毎年、四・五兆円の補てんを日銀に対して行わなければならない。日銀の債務超過が問題視されるに至った局面で、現在まさに行われているように、日銀に事実上引き受けさせる形で国債を増発してその原資を捻出するという手法は、それがさらに日銀の債務超過幅を拡大させることになるゆえ、もはや使えないことになる。そうした事態のもとで、国民にどれだけ重い負担が急につけ回されることになるか、より現実感と責任を持って議論されるべきだろう。

（注5）日銀の二〇一九年度分の国庫納付金について、政府の二〇二〇年度一般会計当初予算編成時点においては例年並みの五七一八億円と見込まれていたところ、実際には一億二三〇五億円と突然、二倍以上に上振れる結果となっている。おおもとの経常利益は前年度対比で三六〇〇億円強の減額と悪化するなか、実際には、先行きの金利引き上げ誘導局面における財務悪化に備えて積み立てている債券取引損失引当金の計上額を前年度対比で大幅に減額するなどしてこれだけの国庫納付金がひねり出される形となっている。要するに、日銀の財務運営が突然好転したわけでは決してなく、コロナ危機で財政運営が急激に悪化するなか、国庫納付金の水準に関して財政当局の意向が作用した可能性も否定できないように見受けられる。

5　金利を上げられない中央銀行の帰結

ではは日銀はもう、金利など上げなければよいではないか、そうすれば債務超過に陥ることもないはずだ、と思われるかもしれない。

確かに今のような低成長・低インフレ状態、そして円の外国為替相場も安定している状態が永遠に続くのであればそうかもしれない。

しかしながら、現実はそれほど甘くはないだろう。第3章[3]でもみたように、"Brexit"（英国のEUの離脱）をめぐる混乱に見舞われた英国の経験は、いかに国内経済が弱くても、様々な事情で動く為替相場の動向次第では、輸入物価の上昇によって国内物価もあっさりと上昇に転じ得ることを物語る。中央銀行が国内の経済や物価情勢に見合った水準に短期金利を引き上げることができなければ、国内の物価上昇は抑えられず、外国為替市場で自国通貨安が一段と進展してしまい、まさに「火に油を注ぐ」事態になりかねない。日本のように財政事情が極端に悪い国にとっては、それは、自国内からの大規模な資金流出につながりかねない、極めて危険な事態でもある。

他の主要中央銀行は、そのような事態に至るようなことが決してないように、金融危機後に大規模な資産買い入れを実施するとしても、様々な工夫を重ね、出口も見据えて極めて慎重な政策運営を行ってきた。それはこれまで詳しく述べてきたとおりだ。彼らの慎重な、そして国民に対して誠実かつ責任ある政策運営スタンスは、何よりも各中央銀行の資産規模の推移に表れる（前掲**図3-2**）。いざ、正常化局面となった段階で、各中央銀行に降りかかる困難の度合いは、その時点で各中央銀行が抱えるBSの規模の大きさに比例する。だからこそ、他の主要中銀は、足許こそコロナ危機で資産規模の再膨張を余儀なくされてはいるが、それまでの間、資産規模を徒に膨張させることは決してしなかった。

これに対して日銀は世界でも突出する形で資産規模の拡大を続け、二〇一八年第四四半期には、ついに名目GDPを上回るに至った。QQEからの「出口」の難度は増すばかりだというのに、日銀は今もなお、資産規模を拡大させ続けている。

ところがQQEの着手以降、これまで開催された累次の金融政策決定会合において、日銀がこうした問題を議論した形跡は一切見当たらない。毎回の会合終了後の黒田総裁の記者会見や一～二か月後に公表される議事要旨には一切、こうした将来に関する「都合の悪い話」は出てきていない。こうした問題を責任を持って議論することなく、いわば「漫然と」QQEを継続しているツケは、今後いずれかの時点で必ず、この国全体の経済の営みに大きな打撃を与える形で、私たち国民が払わされることになるだろう。

２　通貨の信認とは

私たちは日ごろ、何の疑いもなく、「円」という通貨を使っている。それはなぜだろうか。この国の法律で、円が法定通貨（法貨）として、無制限に通用すると定められているから？　それだけだろうか。

1　通貨価値の安定があってこその信認

二〇〇八年一一月、月間物価上昇率が七九六億％というハイパーインフレーションを招来したジンバブエでは、国民が法貨ジンバブエ・ドルを見限り、流通するのは米ドルになった。〝お上〟から、ジンバブエ・ドルが法貨だといくらいわれようと、ろくに物も買えない自国通貨をいくら持っていたところで意味はない。似たような例は、財政破綻したアルゼンチンやロシアなど、いくつもある。そうした国では、米ドルが事実上の通貨として国民の間で流通することを、結局政府も追認、ないしは少なくとも黙認せざるを得なくなった。

通貨の信認は、通貨価値の安定があってこそ。だから各国の中央銀行は、自国の通貨価値を安定させるために金融政策を運営する。

振り返ってみれば、日本の消費者物価は過去三〇年間、おおむね±一％程度のレンジ内で超安定的に推移してきた。物価の対前年上昇率がプラス三％を超えたのは、消費税率引き上げが実施された局面を除けば一九九一～九二年ごろに限られる。だから私たちも安心して円を使い続けてきた。そういうことだろう。

２　通貨の対外価値と対内価値

ところがこの先は、そうした状況が続くかどうか、かなり怪しくなってきている。

終戦後から一九八〇年代前半ごろまでの日本のように、海外との資金取引が厳しく規制されていた時代ならいざ知らず、今日のように国際的な財やサービスの貿易のみならず、資金取引も完全に自由化されて、そのなかで企業が国境をまたいで活発な経済活動を行って生業《なりわい》としている今日、中央銀行が金融政策運営を行ううえで目標とする「通貨価値の安定」には二通りの意味がある。①対内通貨価値（国内の物価）の安定と、②対外通貨価値（外国為替レート）の安定だ。日銀に限らず、どこの中央銀行にとっても、この「二兎《にと》を追う」のは相当な難題だ。

国内の物価上昇率が加速すれば、中央銀行は政策金利を引き上げて、金融面から経済活動を抑制し、インフレの鎮静化を図る。

他方、為替レートは、外国との経済力の差を調整するための相対的な対外通貨価値だ。自国通貨が過度に売られれば（それは輸入物価高を通じて国内のインフレ加速にもつながる）、当該国の中央銀行は通常、政策金利を引き上げて自国通貨を防衛する。国際的な投資マネーは、概して金利の低いほうから高いほうに向かって流れるため、政策金利を引き上げれば、自国通貨買いが進み、自国通貨安を阻止できるからだ。

ところが①でみたように、黒田総裁就任以降の「量的・質的金融緩和」（ＱＱＥ）によって自らのバランス・シートを極端に大きく膨張させてしまった日銀は、もはや、国内外の経済・金融情勢の変化に応じて金利を引き上げることは、自らが大幅な債務超過に陥ることなしには難しく、機動的な金融政策運営能力を事実上喪失している。そのとき、果たして何が起こるのか。

3　財政運営の手段としての通貨

通貨には財政運営の手段、というもう一つの顔がある。私たち市民は、自分たちの社会（国）を支えるため、円で税を納める。それを、国民の総意に基づく方法で分配して社会（国）を運営する。それが財政運営だ。その時々の経済や社会の変化に応じて社会（国）全体でしっかりと議論し、負担（納税）と給付（分配）の枠組みを適切に構築していくことができれば、安定的な財政運営を長年にわたり続けることができる。

しかし、それができないと財政運営はいずれ行き詰まることになる。そうなると、第二次世界大戦後の日本やドイツのごとく、預金封鎖や通貨交換を行い、積もりに積もった借金の帳尻合わせに出るのが大抵の政府の常套《じょうとう》手段だ。

国民の側もそれをよくわかっているから、自分の国の財政運営が本当に危ないと思えば、預金の引き出しや国外への資金逃避が加速する。そういう事態に陥ったとき、当初は中央銀行が政策金利をできる限り引き上げて、資金流出を止めようとするだろう。しかし国際的な資金の移動が自由な今日、それでも資金流出が止められなければ、そうした国が採り得る手段はただ一つ、国際的な資本移動規制をかけて自国の財政と経済の崩壊をくい止めるよりほかにない。

４　アイスランドの悲劇

資本移動規制は、歴史の本に出てくるような昔話ではない。実際、先進国のなかにも、リーマン・ショック以降という近年、そうした悲惨な事態に陥った国が複数存在する。アイスランド、キプロス、ギリシャの三か国がそれだ（**図５−８**）。

アイスランドは北大西洋に浮かぶ島国の小国で、二〇〇八年の金融危機以前は、政府債務残高規模（名目ＧＤＰ比）はわずか二七％、財政収支も約五％の黒字という〝超〟健全財政国だった（**図５−９**）。唯一の問題は同国の民間銀行で、折からの低金利に乗じて、欧州大陸向けに派手にビジネスを展開し、同国の三大銀行の資産規模は、金融危機直前の二〇〇七年には実に名目Ｇ

図5-8　リーマン・ショック後に国内債務調整（事実上の財政破綻）状態に陥った先進国の資本移動規制実施期間とその原因

国名	資本移動規制		その原因	
	時期	期間	民間銀行の過剰なリスク負担	放漫財政
アイスランド	2008年11月〜2017年３月	８年４か月	○	
キプロス	2013年３月〜2015年４月	２年１か月	○	○
ギリシャ	2015年６月〜2019年９月	４年３か月		○

（資料）ＩＭＦ資料、各国資料を基に筆者作成

図5-9　2000年代以降のアイスランドの財政指標（いずれも名目ＧＤＰ比）の推移

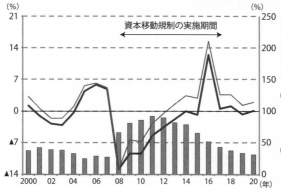

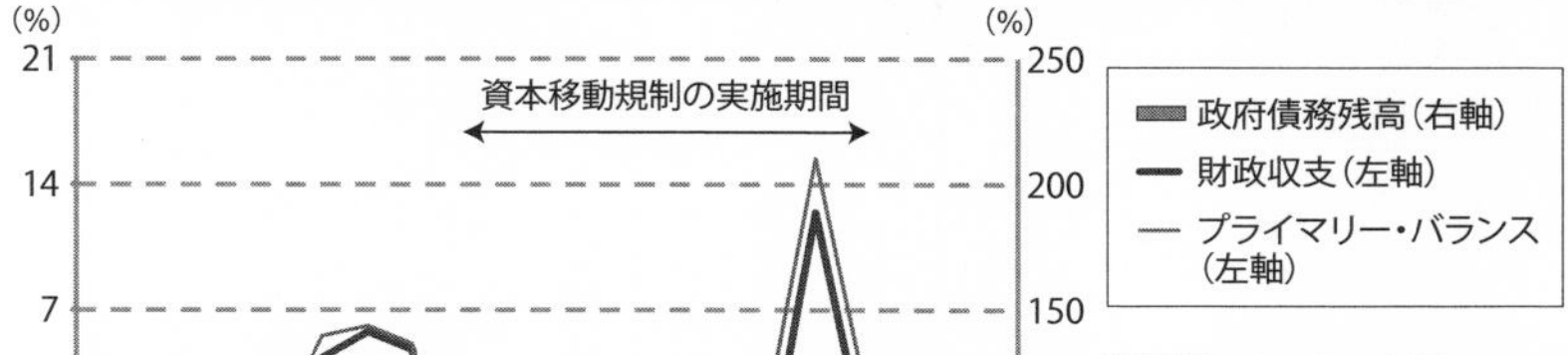

（資料）International Monetary Fund, World Economic Outlook Database, October 2019を基に筆者作成
（注）2018年以降は、2019年10月時点におけるＩＭＦによる実績見込みおよび見通し

DP比九〇〇%近くにまで膨れ上がっていた（**図5-10**）。二〇〇八年、そのアイスランドをリーマン・ショックが直撃し、株価や地価といった資産価格は暴落し、三大銀行は相次いで経営破たん、その救済のために、アイスランドの財政事情は急激に悪化した（**図5-11**）。同国の通貨であるアイスランド・クローナは外国為替市場で売りを浴びせられて急落。アイスランド中央銀行は当初、政策金利を一八%にまで引き上げてクローナを防衛しようとしたが（**図5-12**）、国内の経済や財政運営のことを考えれば金利の引き上げにも限度があり、市場の圧力に抗し切れなくなった。当時のアイスランドはまさに、「為替の減価（急落）」と「金融引き締めの制約（限界）」、「資本流出」がまさに三つ巴《どもえ》で負の連鎖状態に陥るという、「為替急落を引き金とする金融危機」の典型的な状態（**図5-13**）に陥ったのである。同国に残された選択肢は国際的な資本移動規制をかけて国外への資

図5-10　リーマン・ショック前のアイスランド３大銀行の資産規模の推移

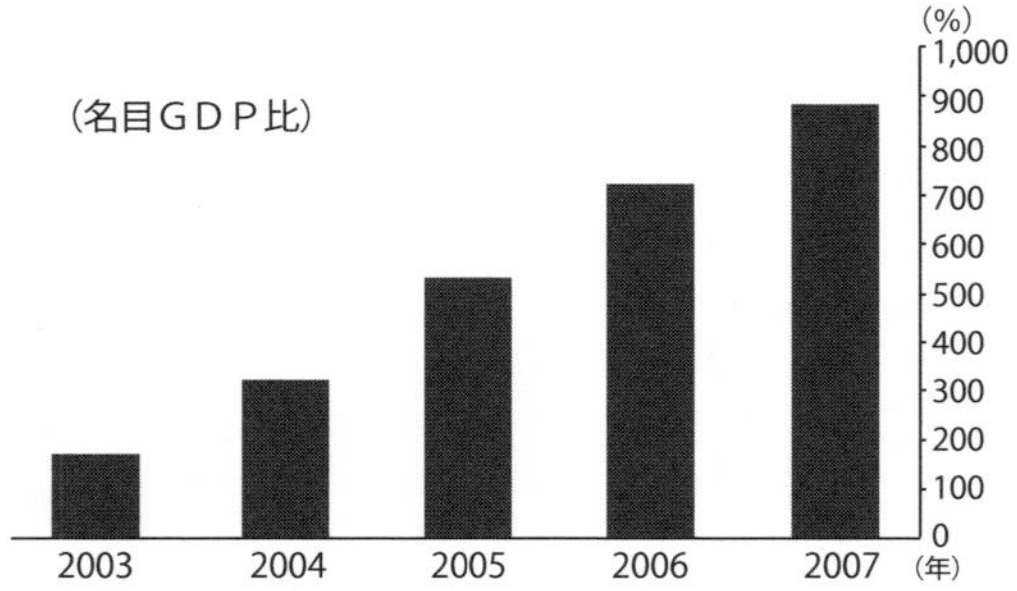

（資料）Franek Rozwadowski　(IMF), *Iceland: Crisis Management*, "Iceland's Recovery - Lessons and Challenges", conference hosted by Icelandic Authorities and the IMF, October 27, 2011を基に筆者作成

図5-11　アイスランドの危機突入の経緯

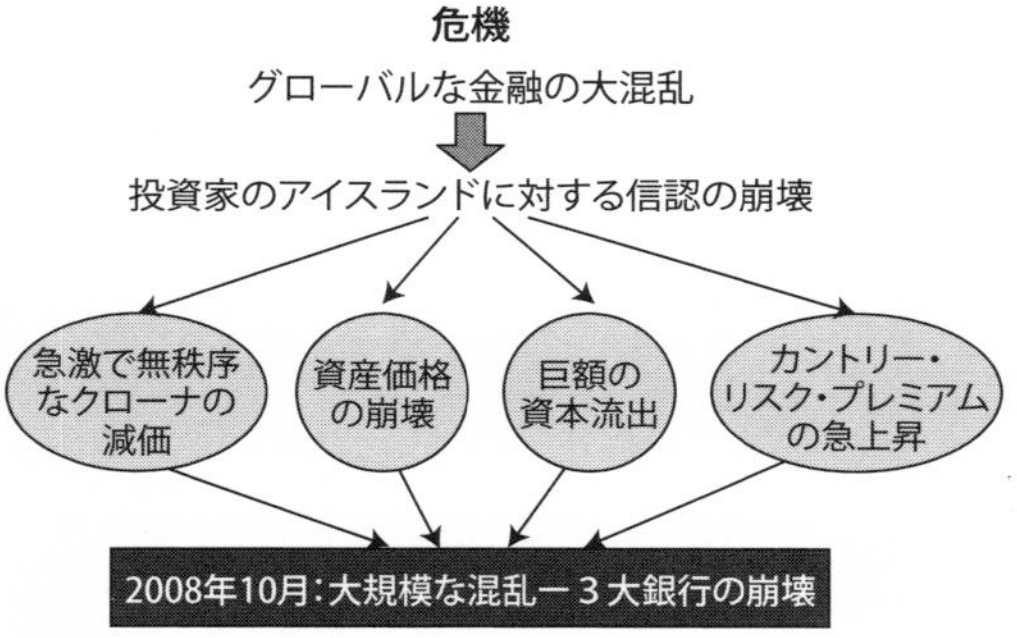

（資料）図5-10と同じ

図5-12　アイスランド・クローナ（ＩＳＫ）の対ユーロ為替レート（オンショア）とアイスランド中央銀行の政策金利の推移

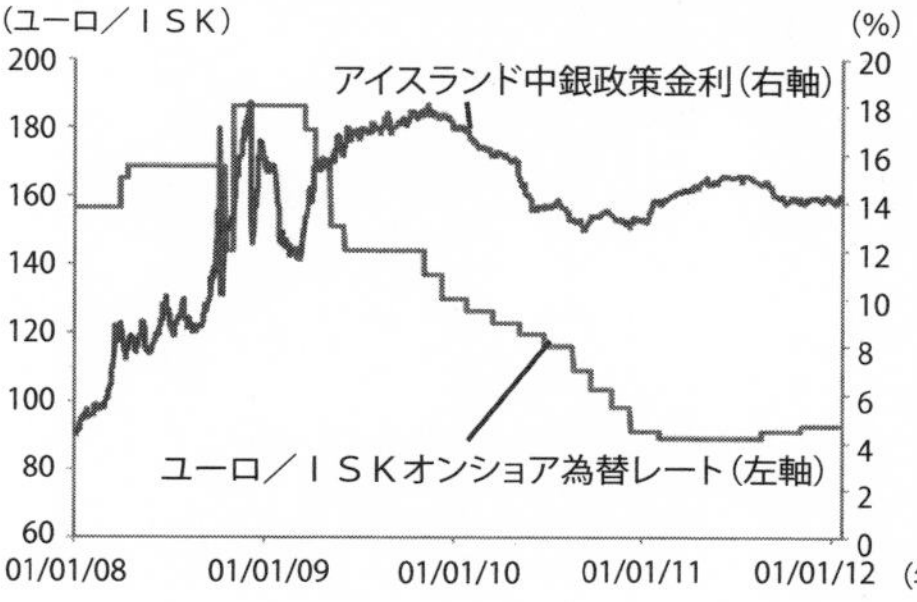

（資料）IMF, Liberalizing Capital Flows and Managing Outflows – Background Paper, Prepared by the Monetary and Capital Markets Department; the Strategy, Policy, and Review Department; and the Research Department; in consultation with the Legal Department and other Departments, March 16, 2012, p32 Figure 7を基に筆者作成

図5-13　為替急落時の金融危機のメカニズム

（資料）Anton Korinek and Damiano Sandri [2015]. "Capital Controls or Macroprudential Regulation?", *IMF Working Paper WP/15/218*, IMF Research Department, October 2015, p4 Figure 2を参考に筆者作成

金流出を止めることで、そのための措置が金融危機の二か月後の二〇〇八年一一月に導入された（**図5-8**）。他に方法はなかった。

アイスランドはその後、IMF（国際通貨基金）から一定の支援は受けたものの、基本的には自力で経済と財政を立て直すことを余儀なくされた。国民が政府に納める、ありとあらゆる税や手数料が五割増し、二倍、といった水準に引き上げられた。日本と同じ島国でありながら、そうした重税に耐えかね、全人口の実に二～三%が国外に流出したとみられている。これは、人口一億二七〇〇万人の日本に置き換えれば、大阪市と広島市の人口がまるごと国内から消えるようなレベルの事態に相当する。

図5-14は、金融危機後三年が経過した二〇一一年に、アイスラ

ンド政府がＩＭＦと共催した国際会議の際に、同国の大学教授が示した一枚の写真だ。二〇一〇年一月二日、金融危機の元凶となった民間銀行の子会社であるネット専業銀行Icesaveの頭取の邸宅が燃え盛る様を示している。〝焼き討ち〟にあったのだろう。金融とは、つくづく恐ろしいものだ。好況に浮かれて過剰なリスクを抱え込んでしまうと、ひとたび情勢が変化したとき、あっという間に一国の経済や社会秩序を崩壊させてしまう。二〇一二年四月には、危機時に首相の座にあったホルデ氏が、危機を招来した過失を問われ、有罪判決を下されてもいる。この写真には、そうした事態に対するアイスランド国民の怒りが凝縮されているのだろう。

図5-14　アイスランドで起こった現実

Icesave: President's residence, January 2, 2010
Photo: Ragnar Axelsson

（資料）Fridrik Mar Baldursson (Reykjavik University), Iceland's Program with the IMF 2008-2011, "Iceland's Recovery - Lessons and Challenges", conference hosted by Icelandic Authorities and the IMF, October 27, 2011.

そして、アイスランドが、国民の重い負担によって財政運営を改善し、何とかこの資本移動規制を解除できたのは二〇一七年三月、実に八年四か月後のことだった。

図5-8が示すように、こうした例は、アイスランドにとどまらない。キプロスやギリシャでも同様の事態が発生した。その原因は、①放漫財政や、②民間銀行の過剰なリスク負担だ。

５　一向に進まない財政再建

安倍政権のもと、黒田日銀がＱＱＥを開始して早七年余りになる。この間の安倍政権のスタンスは、「デフレ脱却が先、財政再建は後」というものだった。

この間の日本の財政運営の推移をみてみよう（図５-15）。もとは健全財政国だったアイスランドとは対照的に、政府債務残高規模（名目ＧＤＰ比）は二〇〇％を優に超え、財政収支も、そこから利払費を除いたプライマリー・バランス（基礎的財政収支）も、黒字化のめどは一向に立っていない。この間、二〇一四年と一九年の二度にわたり、消費税率が引き上げられたものの、日本の財政運営の厳しい状況を改善させるものには到底なり得てはいない。財政再建は一向に進んではいないのだ。

そうしたなか、財務省は毎年度、新発国債に借換債を加えて、実に一五〇兆円もの国債を発行して資金を調達し、何とか財政運営を続けている状況だ。ＱＱＥのもと、この巨額の国債の消化は日銀の買い入れに完全に依存している

図5-15　2000年代以降の日本の財政指標（いずれも名目ＧＤＰ比）の推移

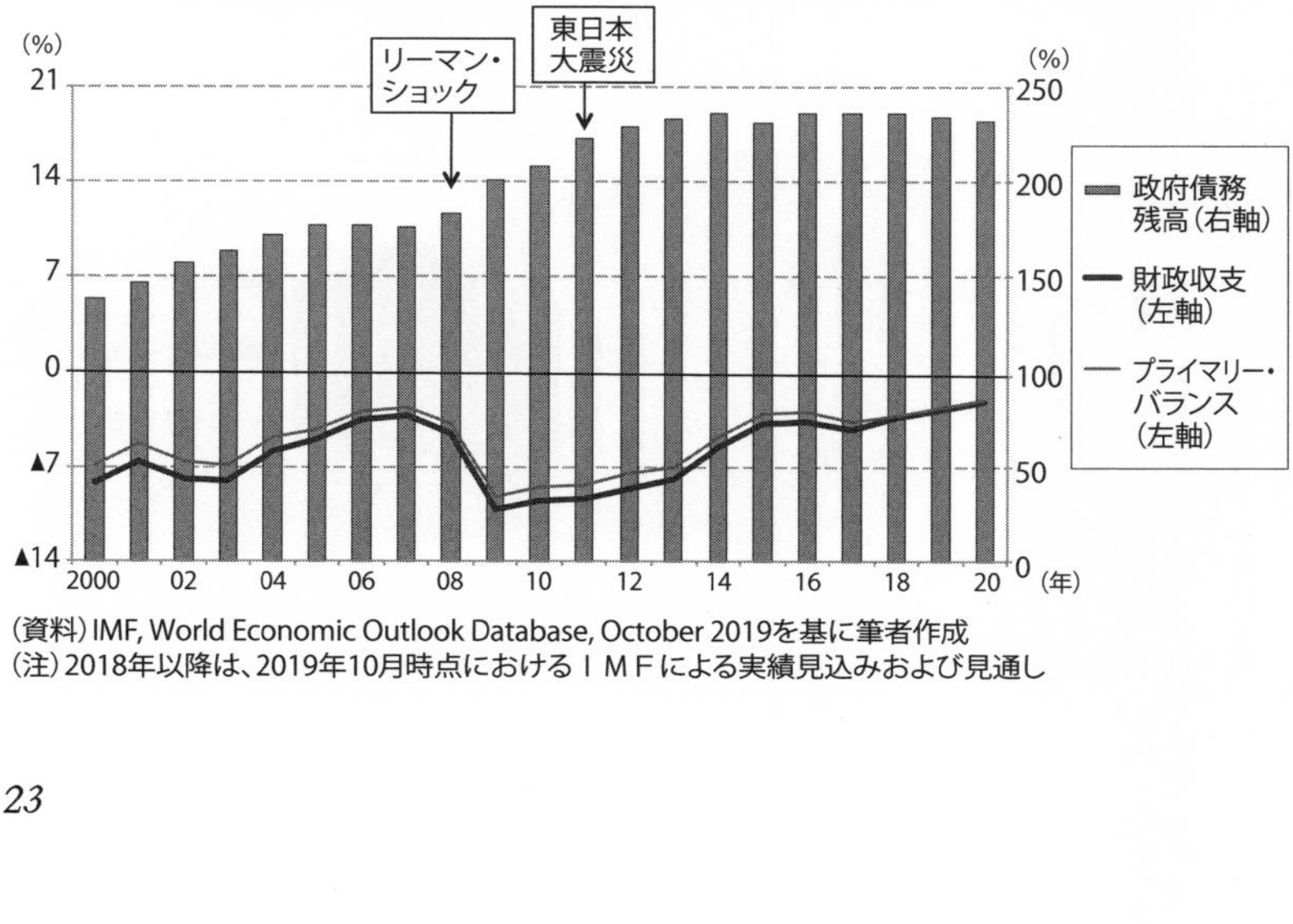

(資料) IMF, World Economic Outlook Database, October 2019を基に筆者作成
(注) 2018年以降は、2019年10月時点におけるＩＭＦによる実績見込みおよび見通し

のが実態となっている。

6　水面下で始まっている資本逃避

このように日本では、アイスランドなどの欧州の事例とはやや異なるが、まさに①放漫財政と、②中央銀行の過剰なリスク負担、という問題が一段と深刻になっているといえよう。

開放経済のもとで、中央銀行が金融政策運営能力を事実上喪失した例は、歴史的にみてもおそらく、他に例はないのではないか。

二〇二〇年春、新型コロナ感染症の影響で世界の市場は同時株安の様相を呈していた。その後、一定程度持ち直してはいるものの、収束はなお見通し難く、市場関係者からは外国為替市場における円安圧力の根強さを指摘する声も増えつつある。

実際、日本の経常収支の推移をみると（**図5-16**）、製造業の高い国際競争力を背景に貿易収支で黒字の大半を稼ぎ出していたかつてとは状況が一変している。経常収支黒字の大半は第一次所得収支の黒字によるもので、これは企業が海外に展開した現地子会

図5-16　日本の経常収支の内訳別推移

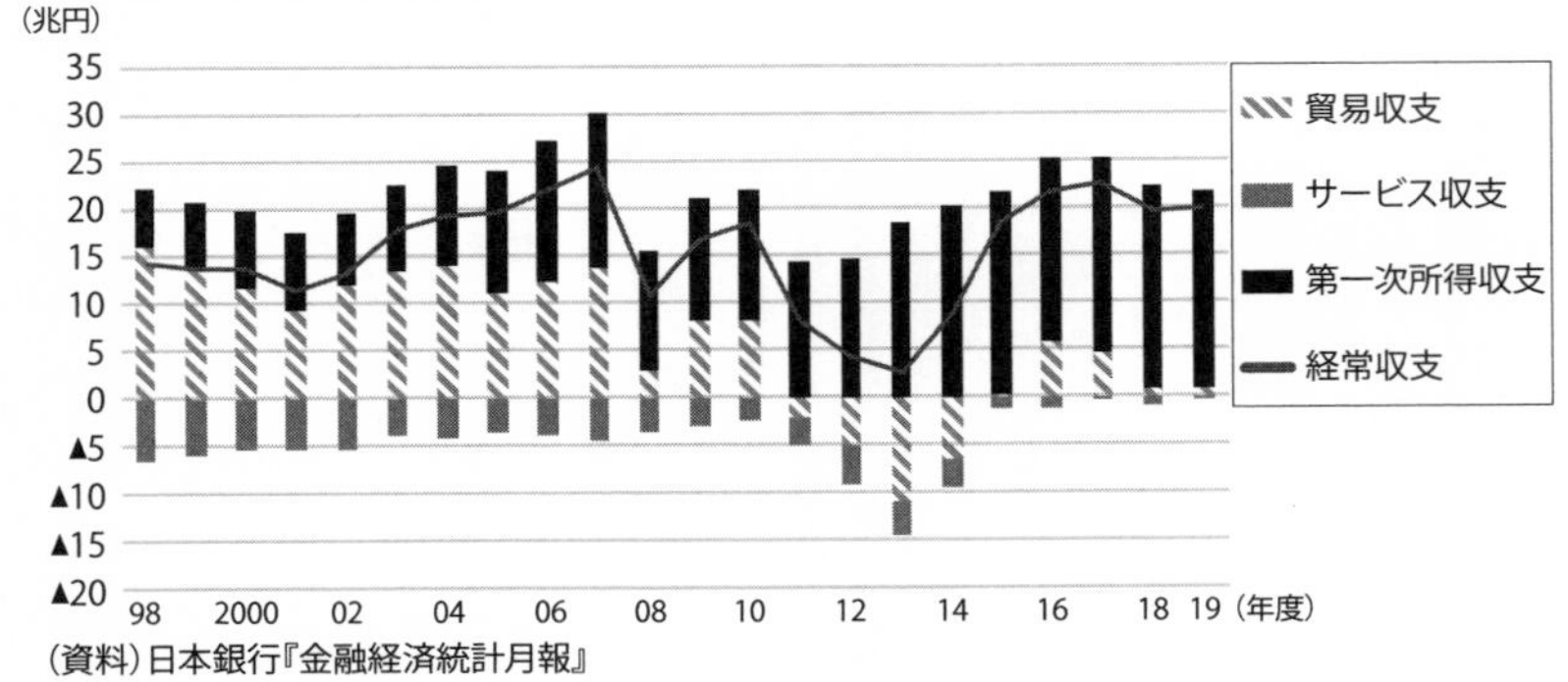

(資料) 日本銀行『金融経済統計月報』

社からの収益や、個人が海外資産に投資した収益を国内に還流させたものだ。国内で急激な人口減少が進むのと同時に、日本の財政運営と中央銀行が大きなリスクを抱えたままで、一向にその解決を目指す姿勢がうかがわれないことから、企業や個人による事実上の資本逃避がすでに始まりつつあるとみることもできなくはない。企業の本社や個人が海外に脱出してしまえば、そうした収益は還流されることもなくなる。

円安のレベルが一ドル＝一二〇円くらいまでであれば許容範囲かもしれないが、その先のどこかにあるいわば〝臨界点〟を超えて円安が進展したとき、国内からの資金流出が加速し、日銀が、自らの財務運営の悪化がネックとなって金利を思うように引き上げられない事態が一気に表面化し、資本移動規制に追い込まれる可能性も否定できない。国内経済が人口減少で縮小するなか、海外にビジネスの活路をみいだしている日本の主力企業にとって、これは死活問題となる。

７　私たちの責務

では私たちはどうすればよいのか。

通貨の信認とは、国の信用、財政運営と中央銀行の金融政策運営に対する信認と一体のものだ。

現状は確かに、私たちにとっておよそ〝痛み〟のない、心地良い状態だ。しかしながらその陰で、中央銀行である日銀にかかっている負担が恐ろしいまでに膨張しているという現実を決して忘れてはならない。しかもその状況は、今回のコロナ危機で一層悪化することになった。この先、万が一の事態を決して招来することのないようにするためには、日銀にかかる負担を軽減すべく、金融政策運営の正常化を段階的に図るとともに、私たち自身が負担増も含めた実効的な財政再建に取り組んでいくよりほかに道はない。

通貨の信認を守ること、それは私たちの将来の世代が安心して暮らしていくことができるようにするために欠くことのできない、私たちに課された責務であるといえよう。

第6章　おわりに
――コロナ危機後の財政・金融政策運営

「いちからわかる中央銀行と金融政策」の連載が最終回を迎えた二〇二〇年の春、日本を含む世界各国は、新型コロナウィルス感染症拡大による危機に突然、見舞われることになった。未知のこの感染症はあっという間に世界各国に広がり、感染者のなかから急激に重篤化する人が続出した。私たちは人と人との直接的な接触を、極力制限せざるを得ない状態に陥り、外出は自粛、国境を越えた人の移動もぱったりと途絶えた。

二〇〇八年秋のリーマン・ショックは、歴史を振り返れば一九三〇年代の「大恐慌」(The Great Depression) 以来の「大不況」(The Great Recession) といわれていた。そして今回のコロナ危機は、本稿を執筆している二〇二〇年八月時点で、いまだ世界的には収束を見通せない段階ではあるが、一九三〇年代の「大恐慌」を上回る規模の打撃を、長い期間にわたって世界各国の実体経済に与えるのではないか、ともいわれている。

1　コロナ危機と各国の対応――明確な政府と中央銀行の役割分担

こうした「コロナ危機」に対して、日本をはじめとする各国の政府は、急激な打撃を受けた人々の雇用の維持や、企業の事業活動の継続に向けて大規模な経済対策を講じている。その規模を主要国間で比較すると（**図6-1**）、日本は、財政事情（債務残高規模）は最悪である半面、失業率は最低であるにもかかわらず、今次コロナ危機に対する経済対策の規模は名目ＧＤＰ比で四二％と、主要五か国（独英の規模はともに二二％、仏は一八％、米は一四％）のなかで突出している。

また、日銀をはじめとする主要中央銀行も、こうした政府の対応に足並みを揃《そろ》える形で、二〇二〇年春先以降危機対応の政策運営を展開してきた。国債等の買い入れ強化によって自国通貨建ての巨額の流動性を市中に供給していることに加え、国際金融市場でひっ迫しているドル資金を、中央銀行間でのスワップ取引（米Ｆｅｄ〈連邦準備制度〉からドル資金を自国通貨建て資金と交換する形で各国中銀が借り入れ）を基に大規模に供給するオペレーションも

図6-1　今次コロナ危機におけるＧ５各国の対策の規模（2020年5月29日時点、未定稿）

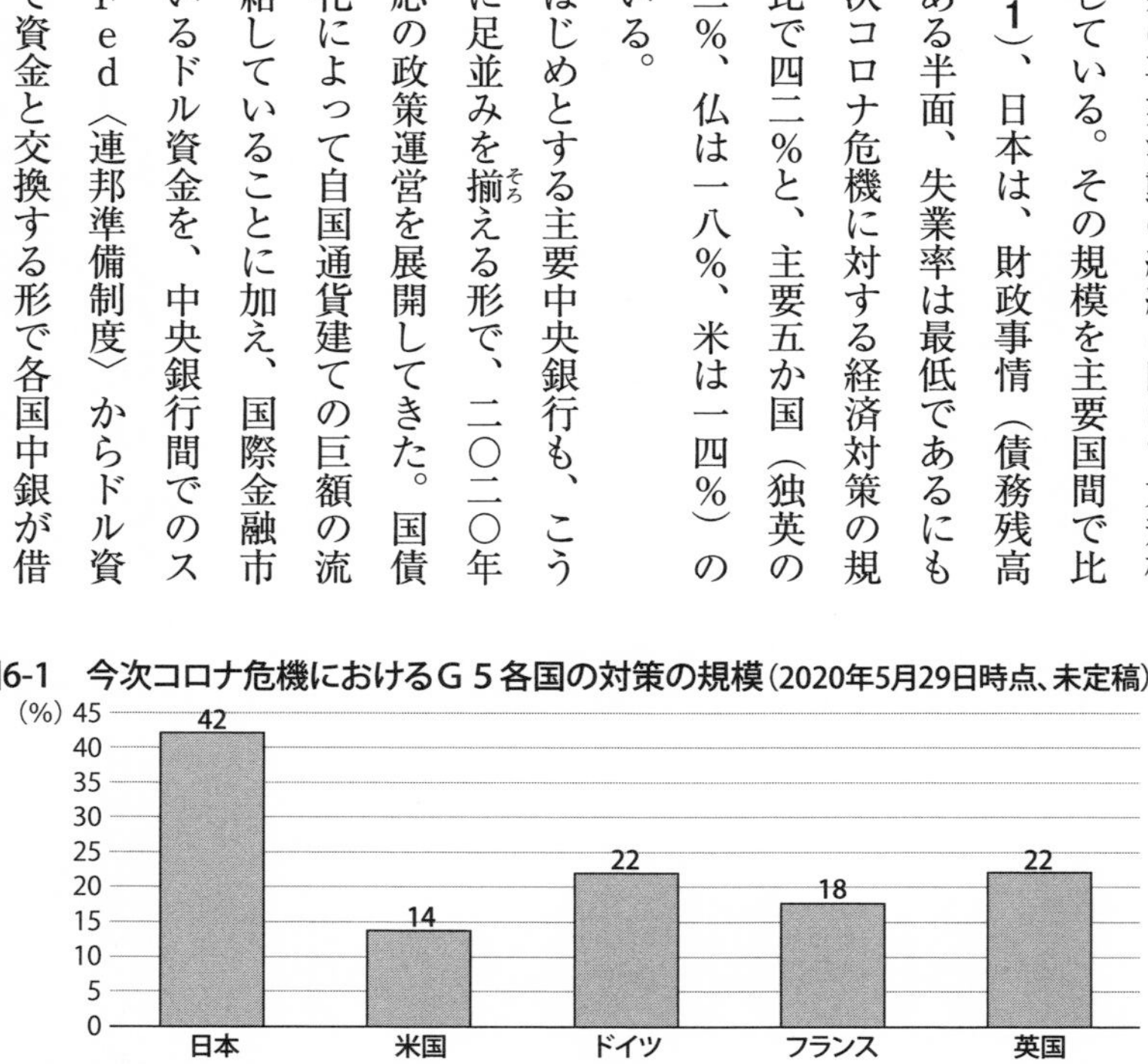

	日本	米国	ドイツ	フランス	英国
失業率（2019→2020）	（12月）（４月）2.2%→2.6%	（12月）（４月）3.5%→14.7%	（12月）（３月）3.2%→3.5%	（12月）（３月）8.2%→8.4%	（12月）（３月）3.8%→3.9%
債務残高対ＧＤＰ比（2019年）	237.4%	109.0%	59.8%	85.4%	98.5%

（注１）経済財政諮問会議（令和２年４月27日）資料を基に作成
（注２）日本は、令和２年度第二次補正予算案に基づく。
（注３）ドイツは別途、政策金融機関に対する補償枠の拡大を実施
（出典）対策規模及び失業率は各国公表資料等、債務残高対ＧＤＰ比はＩＭＦ"Fiscal Monitor"（2020年４月）、ＧＤＰは各国統計における2019年（暦年）の数値
（資料）財務省財政制度等審議会財政制度分科会資料『令和２年度補正予算（第２号）後の財政事情』、2020年６月１日

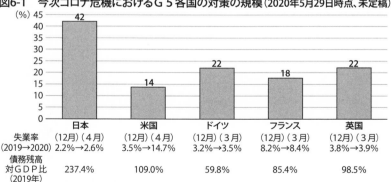

行われている。さらに社債等の買い入れや、国によっては政府の後ろ盾を得て今回の危機対応策として特設された資金供給ファシリティを活用した企業の資金繰り支援策も展開されている。

日本を除く海外主要国の危機対応策に共通するのは、明確な形で政府と中央銀行の役割分担が行われていることだ。そうした対応が各国で軒並み採られている背景には、中央銀行はあくまで政府から独立した〝銀行〟にほかならず、こうした危機対応の局面においても財務の健全性維持を最優先で尊重する必要があり、さもなくば中央銀行に本来必要な、機動的な金融政策運営能力が損なわれ、通貨の信認が毀損される事態を招来しかねない、という共通認識がある。それは具体的には、外国為替市場で急激な自国通貨安が進行し、国内の景気に深刻な打撃を与えると同時に、輸入物価高を通じて高インフレが引き起こされる、という事態を意味する。ゆえに中央銀行が危機対応時に担う役割はあくまで流動性の供給で、それに伴う中央銀行の損失負担はあるとしてもごく限定的なレベルにとどめ、発生する損失の主たる部分は政府側が負担する、という設計が主要諸外国では貫かれている。ちなみに、パウエルＦＲＢ（連邦準備制度理事会）議長は、二〇二〇年六月一〇日のＦＯＭＣ（連邦公開市場委員会）後の記者会見で中央銀行の役割に言及し、「Ｆｅｄが有しているのはお金を貸す力であり、使う力ではない」、「課税し、それを社会としてどこに振り向けるかを決定する権限を有しているのは、選挙で選ばれた議員である」、「Ｆｅｄが貸す力を前例のない規模にまで拡大できているのは、その大部分が議会と財務省からの財政面での支援が得られていることによる」などと述べている。

2　各国が直面する課題と対応の方向性

本稿を執筆している二〇二〇年八月現在、こうした当局の対応もあって、各国の金融市場は同年の春先に比較すれば落ち着きを取り戻しつつある。各国政府にとっての次なる課題は、危機対応で大幅に拡張した財政を、いかなる計画のもとで再建していくか、という点に移りつつある。

ちなみに英国ではスナク財務相が二〇二〇年三月、休業する商店への助成金、企業に対する賃金の肩代わり策、フリーランスへの所得支援などを通じて、月額二五〇〇ポンド（約三三万円）を上限に、八割の所得を三か月間補償する手厚い政策を発表した際に合わせて、「正直に言おう。等しく国の支援を受けるなら、将来は等しく払ってもらう」と述べたと報じられている。(注1)

また、ドイツでは憲法に厳格な財政規律遵守のための規定（「債務ブレーキ」）が設けられているが、今回のコロナ危機に際し、その例外規定を適用し、近年、財政黒字を維持してきた同国としては七年振りとなる新規公債を二一八五億ユーロ（約二七・三兆円）の規模で発行した。同国ではそれと同時に、憲法の規定に基づき、今回の超過借り入れ分の償還を二〇二三年から二〇年間と期限を区切って行う、言い換えれば今回の危機対応策のコストは、この先二〇年間の追加的な増税、ないしはそれに見合う他の歳出削減によってドイツ国民が負担するという明確な償還計画を策定している。これらの英独をはじめとする国々は、二〇〇八年のリーマン・ショックにいわばその震源地の一つとして遭遇しながら、その後は日本よりはるかに速いペースで財政再建を実際に進めてきた。今回のコロナ危機に際しても、おそらく、一定の年月はかけつつも、彼らは同様の姿勢で財政再建に取り組んでいくものとみられる。

他方、中央銀行の金融政策運営の面においては、今後、①実体経済への打撃の長期化が必至のなか、経済の回復の足取りが確実になるまで、いかにして金融緩和環境を維持するか、同時に、②中央銀行の支援策が経済の次なる成長の芽を摘みかねない過剰な関与となることをいかに回避するか、さらには、③出口問題への対応を含め機動的な金融調節能力をいかに維持するか、といった点が今後の課題となろう。

米国においてはＦｅｄがすでに、二〇二〇年六月のＦＯＭＣから、今後の金融政策運営をいかなる戦略のもとに展開していくかという検討に着手している。パウエルＦＲＢ議長は六月のＦＯＭＣ後の記者会見の場で、「危機が過ぎたときには、危機対応策は道具箱にしまう」とも述べている。

他方、英国のＢＯＥ（イングランド銀行）においてはこれまで、リーマン・ショック後に実施した量的緩和策を正常化する時期に関して、経済が一定程度回復して、政策金利をかつては二％、二〇一八年六月以降は一・五％の水準にまで引き上げることができたところで着手する、という考え方を採ってきた。しかしながら実際には、リーマン・ショック後に実施した分の正常化に着手する前に、次のコロナ危機に直面する事態となってしまった。ＢＯＥも他中銀と同様、コロナ危機への対応としてさらなる資産買い入れ等を行っており、同行のバランス・シートはさらに膨らんでいる。ただしベイリー総裁は二〇二〇年六月の外部への寄稿のなかで、「積み上がったバランス・シートは、将来の緊急事態のもとで政策発動の余地を制限するおそれがある。金融刺激をやめる時期が来れば、持続したペースで金利を引き上げるのを待つことなく、バランス・シートの水準調整を検討するほうがよいのではないかと私は思う」との見解を明らかにしたと報じられている。[注2]今次コロナ危機でのＢＯＥのバランス・シート拡張は、同中銀にとってそれほどにリスクの高い政策運営で、先行きの金融政策運営の適切な遂行を妨げかねないものと認識されているということだろう。

今次コロナ危機のもと、ＦｅｄやＢＯＥをはじめとする主要中銀は、リーマン・ショック時を上回るリスクをとってバランス・シートを拡張する、といういわば〝賭け〟に出たことは確かだろう。しかしながら、前掲**図3-2**で示したとおり、これらの中央銀行の資産規模は、日銀に比較すればまだなお相当に低い水準にとどまっている。本書でこれまで詳しく述べてきたとおり、彼らがリーマン・ショック以降に展開してきた、将来に対する責任感のある政策運営姿勢を鑑みれば、今回の危機後の収拾策についても、時期をみながら、同様の姿勢で検討が進められ、実行に移されていくものとみられる。今後の実際の展開が注目される。

（注1）二〇二〇年四月三日付朝日新聞夕刊記事（〝取材考記〟）「英国、手厚いコロナ対策で増税示唆　補償は助かるけど不気味な未来」による。

（注2）二〇一八年六月二二日付ブルームバーグ記事「英中銀総裁：利上げ前にバランスシート縮小を検討する必要―寄稿」(https://www.bloomberg.co.jp/news/articles/2020-06-22/QCB5P5DWLU6901) による。

3　コロナ危機で日本が直面した課題——異次元緩和の後始末をどうするか

ところが、日本のコロナ危機に対する対応をみると、その規模は欧米主要国をはるかに凌駕《りょうが》するものとなっているにもかかわらず（図6-1）、今回の財政出動分はすべて、赤字国債の発行で賄われる形となっている。この国では財政法上、「六〇年償還ルール」という、他の主要国にはおよそみられない悠長な国の借金の返済ルールを採用しているゆえ、何ら特別の政策対応を講じない限り、それは今後六〇年間という長い年月にわたり、後の世代に今回のコロナ危機対策のコストの負担を付け回すことを意味する。危機対策のコストを、いつだれがどう負担するのか、そのための議論への着手すら全くできていない現在、このままでは二〇一一年の東日本大震災後の対応とは対照的な事態となってしまいそうな雲行きである。当時は、復興財源は歳出カットと復興所得税・復興法人税という特別な増税を合わせて、私たちの二五年間の負担をもって償還し、後の世代への安易な負担のツケ回しは決してしない、とした規律ある意思決定が国全体として行われていた。ところがコロナ危機下にある現時点においては、そうした機運が一向に生まれてこない。その背景としては、日銀がこれほどの規模で〝事実上の財政ファイナンス〟をやっているゆえ、超低水準にある金利が上がる気配もなく、財政運営の先行きに関する危機感が完全に欠如していることが極めて大きく作用しているように見受けられる。

そしてその日銀は、コロナ危機への対応によって積み増されたリスクにどう対応するか、という他の主要中央銀行と共通の課題を新たに抱えたのみならず、それよりも一歩手前の次元の問題に直面させられることとなった。コロナ危機到来前までの七年余りの異次元緩和によって、他の主要中銀を大きく上回る水準にまで資産規模を積み上げることを通じて抱え込んできたリスクがいかに大きく膨張しているのか、今回の危機でまざまざと突きつけられる事態となったのである。二〇二〇年三月の株価急落局面では、日経平均株価が月半ばに一時、一万六〇〇〇円台にまで下落し（終値ベースでの最安値は三月一九日の一万六五五二・八三円）、それまで日銀が、「量的・質的金融緩和」の一環として、国債とともに買い入れ続け、近年ではペースを年当たり六兆円にまで上げていたETF（信託財産指数連動型上場投資信託）がその時点では巨額の含み損を抱えた。日銀は市場価格が刻々と変動するETFの会計処理方法として時価評価方式を採用しており、ETF保有分全体として時価が取得原価を上回っている限りにおいては、日銀は決算時のその含み益の金額を明示しておけばよいが、時価が取得原価を下回った場合にはその含み損の金額を明示するのみならず、引当金として計上し、将来の損失発生に備える必要がある。その分だけ当期利益が食いつぶされ、財務運営が悪化することになり、引当金の金額の規模によっては当期赤字に転落する要因ともなりかねない。このように、ETFのようにリスク性資産（株式）が組み込まれた金融商品を中央銀行が買い入れれば、その買い入れ金額とその後の株式相場の推移によっては、当該中央銀行の財務運営に深刻な影響を及ぼしかねない。ゆえに、コロナ危機に際しても、他のどの主要中央銀行もこうした極めてリスクの高い手段は決して採用してはいない。

この含み損の規模について二〇二〇年三月一八日の参議院の参考人質疑で問われた黒田総裁は「現時点の日経平均株価を基に試算すると二兆から三兆円になる」（注3）というあいまいな答弁を行っているものの、仮に直近の安値である同年三月半ばの一万六〇〇〇円台の株価が決算に適用されれば、日銀が保有するＥＴＦの評価損は約四・三兆円と試算され、他の条件次第では資本勘定ベースでの債務[注4]超過に陥っていたのではないかとの指摘[注5]も出ている。

実際には、日銀は三月一六日、危機対応策の一環として、ＥＴＦの買い入れペースをそれまでの年当たり六兆円からその二倍の一二兆円に引き上げ、三月末にかけ従前にも増して巨額の買い入れを実施した（**図６-２**）。それが奏功したこともあって日経平均株価はその後持ち直し、二〇一九年度決算に適用される期末の三月三一日時点では一万八九一七円まで上昇して引けた。このように今回日銀は、資本が実質的に大幅に毀損される事態を一歩手前のところでかろうじて回避したに過ぎないにもかかわらず、この国では、政府が今後、損失負担を迫られる可能性やその是非、そうした事態を回避するた

図6-2　日経平均株価と日銀のＥＴＦ買い入れ金額の推移

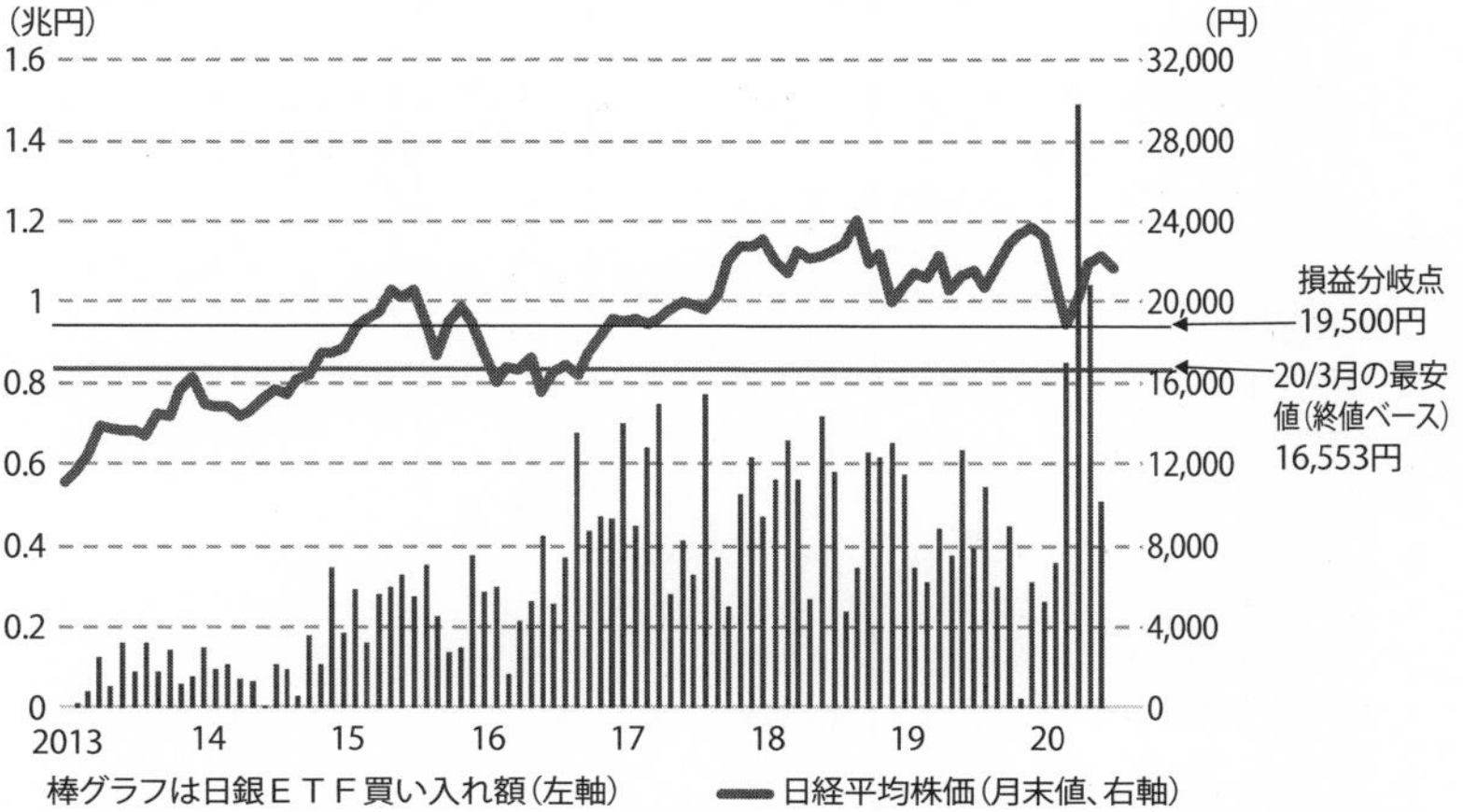

(資料) 日本銀行『時系列データ検索サイト』および日本経済新聞社『日経平均プロフィル　ダウンロードセンター』(https://indexes.nikkei.co.jp/nkave/index?type=download) のデータを基に筆者作成
(注) 本図における日銀のＥＴＦの買い入れ金額は、各月のＥＴＦ保有残高から前月の残高を差し引いたもの

めの対応の方向性、といった議論は一切出てきてはいない。

日銀はその後も、危機対応策の一環として、ETFの買い入れをさらに続け、その保有残高はすでに三二兆円を超えるに至っている（**図6-3**）。こうした日銀の金融政策運営は、当面、問題の先送りには成功したものの、今後の株価動向次第では、例えば、世界的に感染症の拡大がなかなか収束に向かわず、株価が二番底をつけてその状態が長期化する、といった事態に陥った場合、さらなる含み損を生み出しかねないETFをコロナ危機後に新たに巨額に抱え込んだことを意味する。

（注3）二〇二〇年三月一八日付時事通信報道によれば、同日午前の日経平均株価は一万七〇〇〇円台

（注4）**図6-3**に示すように、日銀の資本金と準備金の合計（資本勘定）は三兆三〇〇〇億円余りに過ぎ

図6-3　日本銀行のバランス・シート項目の内訳（2020年６月末時点）　（億円）

資産		負債・資本	
金地金	4,413	発行銀行券	1,132,780
現金	2,211	当座預金	4,470,196
短期国債	303,195	その他預金	430,165
長期国債	4,788,539	政府預金	244,099
ＣＰ等	44,376	売現先勘定	108,011
社債	41,008	引当金勘定	64,101
金銭の信託（信託財産株式）	6,764	資本金	1
金銭の信託（ＥＴＦ）(注１)	327,585	準備金	33,168
金銭の信託（J-ＲＥＩＴ）(注２)	6,151		
貸付金（共通担保資金供給）	718,603		
外国為替	235,680		
その他含む資産合計	6,489,462	その他含む負債・資本合計	6,489,462

（資料）日本銀行『営業毎旬報告（令和２年６月30日現在）』、2020年７月２日を基に筆者作成
（注１）信託財産指数連動型上場投資信託
（注２）信託財産不動産投資信託

ない。

（注5）左三川郁子「危機長期化で日銀に迫る債務超過リスク」『週刊金融財政事情』金融財政事情研究会、二〇二〇年四月一三日

4 このままでは待ち受ける事態とはいかなるものか

コロナ危機のもと、日本の財政事情がさらにこれほどまでに悪化しても、もはや長期金利が上昇することはないかもしれない。それほどに、これまで日銀が行ってきた国債のいわば〝買い占め〟、すなわち〝金融抑圧〟の効果は絶大なものだ。しかしながら、それは国債市場がもはや金利を上昇させて国の財政運営に対する警告を発する力を失った代わりに、この国の先行きの経済や財政運営を継続するうえでのすべてのリスクが日銀に転嫁されていることを意味する。国債のみならず、リスク性資産である株式を組み込んだＥＴＦなども巨額に買い入れている日銀が抱え込んだリスクはすでに巨大な規模に膨らみ、それがいつ顕現化するかはすべて今後の株式相場や外国為替相場次第という、まさに〝一触即発〟に近い状態になっている。ひとたび問題が顕現化して日銀が赤字ないしは債務超過に転落し、それが長期化する事態となれば、政府が補てんを余儀なくされるであろう損失は年当たり数兆円の規模に達するのは必至の情勢だ。その時にはおそらく通貨としての円の信認も同時に問われる事態となり、円安が進行するだろう。そうなれば、日銀としては本来、金利を引き上げて円を防衛せざるを得ない。しかしながら既述のように、これだけバランス・シートを拡大させてしまった日銀は、今後、金利を引き上げる

ためには、抱え込んだ巨額の当座預金に付利するコストを資産規模に応じる形で相当に負担せざるを得ない。日銀の債務超過が問題視されるようになった時点で、日銀の赤字を、これまでのように国債を増発してそれを日銀に引き受けさせて捻出することは、日銀のバランス・シートをさらに拡大させ、債務超過幅をさらに拡大させることを意味するため、まさに〝火に油を注ぐ〟事態に相当する。現実問題としてこれは到底、採り得ない選択肢になるだろう。年当たり数兆円というコストは、厳しい人口減少が進むこの国で、私たち国民が租税の形で容易に負担できる金額では到底ない。この国は、実際にそうした事態に陥って、財政運営と金融政策運営が完全に行き詰まるまで、今、行っている政策運営、現世代の今の〝痛み〟をおよそ伴わない政策運営の真の問題点に気付くことはできないのだろうか。それとも、認めようとはしないのだろうか。

日銀の異次元緩和導入の原動力となった、いわゆる〝リフレ派〟や、近年巷でもてはやされているMMT（現代貨幣理論）の最大の難点は、中央銀行を政府と一体の存在として単純化して片づけてしまっている、という現実離れした姿勢にあるように思えてならない。一国の中央銀行が、国際的に資本移動が自由な市場経済のもとで、一定の節度を超えて国債などを買い入れてバランス・シートを大きく膨張させてしまうと、金融情勢次第では〝銀行〟としての信用力が毀損され、現実問題としての機動的な金融政策運営の遂行能力が損なわれてしまいかねないにもかかわらず、これらの理論は現実問題としてのこうした深刻な問題点に正面から向き合おうとはせず、責任ある対応策も示してはいないように見受けられる。

5　海外からの冷ややかな視線？

新たな通貨である〝デジタル通貨〟の発行の機運が国際的にも盛り上がるなか、〝中央銀行の中央銀行〟である国際決済銀行（ＢＩＳ）では、各国中央銀行の協調的な取り組みを促進するために、クーレ前ＥＣＢ（欧州中央銀行）理事をヘッドとするイノベーション・ハブを設置している。その第一陣の拠点（中央銀行）として香港（香港金融管理局）、シンガポール（シンガポール通貨庁）、スイス、（スイス国立銀行）が選ばれていたのに続き、二〇二〇年六月三〇日には、追加拠点がトロント（カナダ銀行）、ロンドン（ＢＯＥ）、フランクフルトおよびパリ（ＥＣＢとユーロシステム）、ストックホルム（デンマーク国立銀行、アイスランド中央銀行、ノルウェー中央銀行、リクスバンク〈スウェーデン中央銀行〉の四北欧中央銀行）に、今後二年内に設置されること、また、ＢＩＳとして、Ｆｅｄ（ニューヨーク）とは戦略的なパートナーシップを結ぶことが公表された。ＢＯＥなどは同日付で自らもプレスリリースを公表し、ＢＩＳのイノベーション・ハブの拠点に選定されたことを誇らしげに明らかにしている。しかしながら、この拠点のリストのなかに、日銀の名前はない。

また、米プラットフォーマー大手の一つであるフェイスブックが中心となって実用化計画を進めているステーブルコイン（既存の銀行システムを経由しないデジタル通貨の一種）「リブラ」について、二〇二〇年四月に公表された改訂版の構想では、対象通貨としては「米ドル、ユーロ、英ポンド、シンガポール・ドル」の四通貨のみが例示され、前年六月に公表された当初構想では対象として想定されていたはずの日本円が外れている。

これら二つの動きについて、なぜ、日銀や日本円がその対象から外れているのか、その理由は公表資料からは必ずしも明らかではない。しかしながら、こうしたいわば〝新しい通貨〟への取組に際しては、取り扱う通貨の信認が万全であることが何よりも肝心なはずだ。通貨価値の安定や通貨の信認の維持は、誰よりも当該国の当局者が中心となって守るべきものであるにもかかわらず、日本においてはあたかもそれに平然と逆らうような政策運営がすでに長期間にわたって行われている。当局者たちは、そうした深刻な事態を今後、どう収拾していくつもりなのか、その道筋を検討するそぶりすらみられない。他方、二〇二〇年七月に公表された政府の「骨太の方針」では日銀による中央銀行デジタル通貨への取り組みがうたわれているが、財務事情が悪い中央銀行が従来の銀行券や預金通貨に加えて、新たな形態のデジタル通貨を発行するとしても、当該中央銀行の同じバランス・シートのもとで発行する以上、信認が得られないことに変わりはないはずだ。国際金融界における官民双方のこうした動きは、通貨価値の安定や通貨の信認の維持を軽視するこの国に対する冷ややかな視線の表れなのではないかと思われてならない。

6　今後求められる対応

コロナ危機によって、日本の財政・金融政策運営の先行きは一層困難なものとなっている。財政と金融政策が一体化して、事態がこれほど深刻になっているにもかかわらず、財政当局者は財政のことだけ、中央銀行は金融政策のことだけしか考えていないようにすら見受けられる。経済がこれまでにはなかった困難な課題に直面しているのに、優先するのはあたかも「一度、上が決めたことは変えられない」といわんばかりの〝組織の論理〟ばかり。異なる意見にも耳を傾け、オープンに議論して先行きの政策運営の方向性を決めていく姿勢がなければ、この難局を前向きに打開することは難しいだろう。このままでは早晩、この国の財政運営と金融政策運営は、おそらく日銀の財務状況の悪化を契機に、同時に行き詰まることになりかねない。国全体としてこの深刻な事態にどう対処していくのか、その意思決定と舵《かじ》取りを担うのは本来、政治の役割であるはずだ。

この国の財政事情は世界最悪で、中央銀行は古今東西、他におよそ例がないほどに過剰なリスクテイクをしている。この現実に対し、魔法のような解決策など存在しない。万が一の事態を招来しないためには、何よりもまず、財政事情が極端に悪いのに、金利を力ずくで抑えつけたり、経済全体の潜在成長力が弱いのに、株価を力ずくで押し上げるような政策運営を改めるべきだろう。そうした無理筋の政策運営のコストは、今後、間違いなく私たち国民に課せられる重い負担としてはね返ってくることになる。私たちは自らの経済や財政の実力に関する市場の評価に謙虚に耳を傾ける姿勢を取り戻すべきで、それこそが安定的な経済運営を長続きさせられることにつながるはずだ。

現下の危機が峠を越えたところで、日銀は国債やＥＴＦ等とも、新規の資産買い入れを停止し、その後は長期的な計画を立てたうえで、国債は満期が到来したものから手放し、ＥＴＦは株式市況をにらみつつ、高値で買い入れた分から、可能な限り売却損を生じさせない、ないしは最小化できるタイミングで手放していく資産縮小・正常化プロセスに入るべきだろう。それと同時に、本腰を入れた財政再建に取り組む必要がある。コロナ危機への対応のためのコストは、後の世代へのツケ回しが許されるような性質のものでは決してなく、現世代が責任を持って負担する形で財政運営を回していくことが求められる。

市場メカニズムの回復による金利上昇を恐れてはいけない。現実を直視し、実効性のある計画を立てて、長丁場を余儀なくされるであろう財政再建に、腰を据えてブレることなく取り組むことができれば、金利上昇はあるとしても限定的なレベルに抑えられるはずだ。財政再建や金融政策運営の正常化への取り組みは、危機が起こってからでは遅過ぎる。そうした段階に至ってしまえば、誰がどの程度財政再建のコストを負担するのが公平といえるか、冷静に考える時間すらとれなくなってしまうであろうことは容易に想像がつき、暴力的な、急激で弱者に過酷な債務調整を強いられる可能性が高いからだ。

次世代のために、何をすべきか。社会を支えるために何ができるか。私たち市民ひとりひとりがしっかりとした問題意識と自覚を持つことが求められているといえよう。

著者紹介
河村小百合（かわむら　さゆり）

株式会社日本総合研究所調査部主席研究員。1988年に京都大学法学部を卒業後、日本銀行を経て現職。財務省財政制度等審議会財政制度分科会臨時委員、厚生労働省社会保障審議会委員、内閣官房行政改革推進会議民間議員等を歴任。
著書に『欧州中央銀行の金融政策』、『中央銀行は持ちこたえられるか―忍び寄る「経済敗戦」の足音』、共著に『「戦後80年」はあるのか―「本と新聞の大学」講義録』。

グリームブックス（Gleam Books）
著者から受け取った機知や希望の“gleam《ひらめき》”を、読者が深い思考につなげ“gleam《かがやき》”を発見する。そんな循環がこのシリーズから生まれるよう願って名付けました。

中央銀行の危険な賭け
―異次元緩和と日本の行方―

2020年10月10日　発行　　価格は表紙カバーに表示してあります。

著　者　　河村　小百合

発　行　㈱ 朝 陽 会　〒340-0003　埼玉県草加市稲荷2-2-7
電話（出版）　048（951）2879
http : www.choyokai.co.jp/
編集協力　㈲ 雅 粒 社　〒181-0002　東京都三鷹市牟礼1-6-5-105
電話　0422（24）9694

ISBN978-4-903059-64-8
C0033　¥1000E　　落丁・乱丁はお取り替えいたします。